邢台路桥建设集团有限公司 编

人民交通出版社

北 京

图书在版编目（CIP）数据

邢台路桥建设集团有限公司企业史 / 邢台路桥建设集团有限公司编 . — 北京：人民交通出版社股份有限公司，2024.4
ISBN 978-7-114-19234-0

Ⅰ.①邢… Ⅱ.①邢… Ⅲ.①建筑企业—企业集团—企业史—邢台 Ⅳ.① F426.9

中国国家版本馆 CIP 数据核字（2023）第 242079 号

XINGTAI LUQIAO JIANSHE JITUAN YOUXIAN GONGSI QIYESHI

书　　名：	邢台路桥建设集团有限公司企业史
著　作　者：	邢台路桥建设集团有限公司
责任编辑：	陈　鹏　张维青　崔红丽
责任校对：	赵媛媛　龙　雪
责任印制：	刘高彤
出版发行：	人民交通出版社
地　　址：	（100011）北京市朝阳区安定门外外馆斜街3号
网　　址：	http://www.ccpcl.com.cn
销售电话：	（010）59757973
总　经　销：	人民交通出版社发行部
经　　销：	各地新华书店
印　　刷：	北京印匠彩色印刷有限公司
开　　本：	787×1092　1/16
印　　张：	17.5
字　　数：	300千
版　　次：	2024年4月　第1版
印　　次：	2024年4月　第1次印刷
书　　号：	ISBN 978-7-114-19234-0
定　　价：	168.00元

（有印刷、装订质量问题的图书，由本社负责调换）

《邢台路桥建设集团有限公司企业史》

编写委员会

主　　任：马　骅

副 主 任：苏　丹　　王庆杰

委　　员：郑义坤　李恒达　王彦辉　李文清　王　胜
　　　　　薛庆志　米海丽　马　焱

顾问委员：石晨英　李殿双　王栋梁　邢照辉　吕世玺
　　　　　赵东尧　李立国　马朝阳　司　魁　董俊华
　　　　　王习哲　马超祥　王清波　霍玉娴　苏立超
　　　　　李国志　霍鹏钦　焦习龙　屈江锋　王凤彩
　　　　　魏焕芬　王翠敏　张耕良　张建文　马连增
　　　　　赵宝莲　张喜林　李怀月　冯金杰　魏兰学
　　　　　吉丽英

主　　编：苏　丹　　王庆杰

副 主 编：王　志　　尹　潭

编写人员：王习哲　王　志　杨志芹　张　蕾　张晓丽
　　　　　刘叶芝　郭亚欣　张菁菁　张城赫　严　莉
　　　　　董晓云　尹　潭

邢台路桥建设集团有限公司

逢山开路，遇水架桥的路桥人

　　伴随着改革的大潮，邢台路桥由小到大、由大到强，从肩扛手提到施工机械化、标准化和专业化，经过半个多世纪的耕耘开拓，邢台路桥人逢山开路、遇水架桥，在修路建桥的过程中战严寒、斗酷暑，夜以继日砥砺前行。

资质与荣誉

资质认证

公司拥有公路工程施工总承包特级资质，市政公用工程施工总承包壹级资质，路基、路面、桥梁、隧道、公路交通工程（公路安全设施）专业承包壹级资质，公路行业设计甲级资质，建筑工程施工总承包壹级资质，钢结构工程专业承包一级资质，钢结构制造一级资质，公路工程综合乙级试验检测机构，城市及道路照明工程、环保工程专业承包叁级资质，水利水电工程施工总承包二级，公路养护工程施工一类、二类（甲级）资质，预拌混凝土专业承包资质，房地产开发贰级资质，交通运输行业安全标准化一级代表企业等资质证书。

获得荣誉

公司承建的京沈高速公路宝山段第三合同、京津高速公路第一合同、沈大高速公路改扩建第四合同、邢临高速公路一期第一合同、石安高速公路改扩建第六合同、舒城县三里河东路及配套工程分别获得全国公路建设劳动竞赛优质工程奖、国家优质工程金质奖、交通运输部公路交通优质工程奖（李春奖），在青海、天津、河北、安徽被授予省（直辖市）最高奖"江河源杯""海河杯""安济杯""黄山杯"……

彩插

重点工程

京港澳高速公路

　　北京至港澳高速公路,属于中国国家高速公路网首都放射线。京港澳高速公路北起北京市丰台区三环六里桥互通,南至深圳市福田区皇岗主线收费站,线路全长2285千米,是中国南北交通大动脉之一。

　　公司承建的京港澳高速公路石安段KJ6合同段,以优异的工程质量,获得国家公路建设行业最高质量奖——"李春奖"。

连霍高速公路

　　连霍高速公路是连接江苏连云港市至新疆霍尔果斯市的高速公路，全长4395千米，途经江苏、安徽、河南、陕西、甘肃、新疆等省（自治区），是目前中国最长的高速公路。2016年，公司积极响应"一带一路"倡议，中标连霍高速公路新疆境内乌奎高速改扩建第二合同段。该项目部连续两年在新疆交通运输厅"丝路交通杯"劳动竞赛中荣获"优胜单位"称号，在全疆"品质工程"评选中名列第二。

彩插

德州至上饶高速公路

德州至上饶高速公路池州至祁门段是安徽省规划的"五纵九横"规划中的一纵，路线全长约91.656千米，总投资118.8亿元。项目起点为池州市贵池区，终点为祁门县金字牌镇，与黄祁高速交叉，是连接皖南国际旅游示范区的快速通道。该项目对尽快完善安徽高速公路网结构具有重要意义。

由公司承建的德州至上饶高速公路池州至祁门段CQ-08标，设有宝石岭和雷湖2处隧道。宝石岭隧道为分离式隧道，双向四车道，隧道祁门端位于祁门县安凌镇五峰村翟家畈组，隧道全长右线3931米/左线3933米。雷湖隧道为连拱隧道，全长233米。

甘肃王格尔塘至夏河（桑科）高速公路

甘肃王格尔塘至夏河（桑科）高速公路工程 WXSG-5 标段全长 4577 千米，采用全立交、全封闭四车道高速公路标准，共设桥梁 5 座，其中特大桥 1 座（1052 米、预应力混凝土连续箱梁）、大桥 1 座（517.5 米、预应力混凝土连续箱梁）、小桥 3 座、长道 1 座（1530.5 米、夏河 1 号隧道）。

环城公路 G107 绕城段旭阳铁路桥荣获中国钢结构金奖

邢台市环城公路

邢台市环城公路 G107 绕城段全长 41.85 千米，设计速度 80 千米/小时，为双向六车道一级公路。G107 绕城段、G340 绕城段、S342 绕城段 3 条环城路，将与现有的西环路形成新的公路环线。新环城公路环线全长 78.9 千米，圈内面积约 380 平方千米，是市区面积的 3 倍，可串联 G340、S342、S343、S338 等多条干线，对于拉大城市框架、疏解市区交通拥堵，具有重要的现实意义。

重点工程

彩插

南水北调特大桥

南水北调特大桥是一座双塔单索面矮塔斜拉桥，全长 527 米，主跨跨度 200 米，主塔高度 30.5 米，斜拉索采用单丝环氧涂层钢绞线斜拉索，标准强度为 1860 兆帕，是当时河北省同类桥跨中主跨最大的矮塔斜拉桥，率先采用挂篮施工，是邢台市地标性建筑。

七里河综合治理项目

为加快中心城市建设,将七里河建设成为造福全市人民的德政工程、民心工程,公司按照邢台市委市政府"防洪、生态、休闲、宜居"要求,历经多年的努力,把57平方千米的七里河区域建成环境优美、城市功能完善的新区。通过疏通河道、加固河岸、河堤建设、扩园增绿等河道综合治理工程,七里河区域已呈现"水清、岸绿、景美"的水域景观,极大改善了人居生态环境,先后获得中国人居环境范例奖、全国群众健身基地、国家水利风景区等三项国家级荣誉。

邢台市七里河玉带桥

邢台市七里河钢铁路大桥

邢台市开元路南延跨七里河大桥

邢台市新华路跨七里河大桥

中国人居环境范例奖

国家水利风景区

彩插

风光秀丽的七里河局部鸟瞰

雄安郊野公园邢台展园

邢台展园位于雄安郊野公园园区东部，河北省城市展园片区内的西北部，西靠主要交通干道（拒马线）隔路相望承德展园，北邻石家庄展园，与保定展园、邯郸展园隔河相望，总占地29.35亩，包含建筑展馆9座，共计5119.47平方米。

彩插

亮点工程

国道 314 线布伦口至红其拉甫公路工程

国道 314 线布伦口至红其拉甫公路工程地处帕米尔高原，位于我国最西陲的塔什库尔干自治县，是通往塔吉克斯坦、阿富汗、巴基斯坦的必经之路，也是"中巴经济走廊"的重要组成部分，建设意义重大。

彩插

新疆 S21 阿勒泰至乌鲁木齐高速公路

　　新疆 S21 阿勒泰至乌鲁木齐高速公路是全国第一条交旅深度融合的沙漠探险旅游高速公路，是新疆干线公路的重要组成部分，承担着首府乌鲁木齐与北疆地区沟通联系快速通道的重要使命。项目建成后，将缩短乌鲁木齐到阿勒泰的路程 200 余千米，形成 3 小时旅游圈，对促进新疆旅游经济发展起到积极作用。

雅鲁藏布江特大桥

雅鲁藏布江特大桥位于贡嘎机场至泽当专用公路项目,全长1717米,共有57孔,桩基平均深度50余米,墩柱高22米,80%的桩位在雅鲁藏布江水中,是全线控制性工程。该项目荣获河北省建筑业最高奖"安济杯"。

彩插

东吕高速公路邢台段钢管混凝土拱桥

该桥位于东吕高速公路邢台段，桥梁单跨146米，矢高30米，桥梁结构形式为钢管混凝土拱桥，下承式钢管混凝土钢架，系杆拱桥拱肋采用哑铃形截面；上、下弦杆采用Φ1300×18毫米钢管，腹板采用518毫米钢板，C50自密实微膨胀混凝土，钢管管内、腹板腔内吊杆采用双吊杆形式。

彩插

东吕高速公路

邢台抗大路

邢台抗大路是一条旅游为主题的公路。这条公路连接西黄村镇黄店村和浆水镇营房台，全长48千米，途经西黄村镇、龙家寺乡、浆水镇3个乡镇38个行政村，连接邢台天梯山、景梅山、邢襄古镇、白云山、前南峪、抱香谷、抗大陈列馆、九龙峡8个景区。公路西连抗大陈列馆，取名"抗大路"以弘扬抗大精神，发展红色旅游，带动革命老区发展，被称为"邢台红色旅游专线"。

彩插

四川仁寿至屏山新市公路

张承高速公路

京港澳高速公路保定互通匝道桥

张石高速公路

河北省第三届（邢台）园林博览会——园博园

河北省第三届（邢台）园林博览会的园博园项目位于邢台市邢东新区中央生态公园内，规划设计面积 4617 亩，规划布局为"一核、两岸、五区"，共分为城市花园区、创意生活区、燕风赵韵区、邢台怀古区、山水核心区等五大板块。其中，水系面积约 1600 亩、绿化面积约 2310 亩、建筑总面积约 18.7 万平方米，总投资约 36 亿元，采取 EPC+PPP 模式建设。

投资项目

迁曹高速公路

公司承建的迁曹高速公路上跨京哈铁路分离式立交桥，经顺时针旋转46度后，成功完成"双飞燕"空中转体。该立交桥全长547.5米，包含T构现浇梁、T构转体、钢混工字钢合梁等施工任务，为全线重难点控制性工程。本次转体的T构单幅梁长146米，桥宽16.63米、总重达2.2万吨。为确保主桥顺利转体，工程采用主牵引+助推系统，使用4套ZDL10000型液压连续自动装备，由计算机自动控制，辅以定距模式操控，达到"四两拨千斤"效果，以多次试转精准校对转体路径，强化技术、安全、测量人员联动，实现一次转体就位。

河南省漯河市城乡一体化示范区沙河沿岸综合整治工程

沙河沿岸综合整治 PPP 项目，位于漯河市城乡一体化示范区淞江路以北，规划沙河大桥以南沙河段，规划占地1893亩，总投资10.80亿元，建安费约5.16亿元。主要建设一河两路四湖，其中沙河内滩整治43.3万平方米，并建设附属管理服务用房等设施，为旅客提供餐饮、休息、购物、咨询、展示等服务，对于提升城市品质和优化环境质量，拉动沿岸经济和社会事业发展，将起到积极的作用。

彩插

南宫市第二批农村公路路网改造升级工程 PPP 项目

投资方式：政府专项债，减轻政府财政压力，解决项目资金难题，为当地经济、文化、生态等带来新的发展方式。

项目简介：包含 27 条农村公路，建设里程达到 109.18 千米，建设技术标准为三 / 四级公路等级、沥青混凝土路面。

获得荣誉：河北省交通运输厅、河北省农业农村厅、河北省扶贫开发办公室命名为 2020 年"四好农村路"省级示范县。

南宫市第二批农村公路路网改造升级工程 PPP 项目位于河北省邢台市南宫市，该市获得"全国棉花百强县（市）""全国武术之乡""中国民间艺术之乡""河北棉花之乡""河北韭菜之乡""中国羊剪绒毛毡名城""中国羊剪绒之都"等称号。

安阳市殷都区道路 PPP 建设项目

安阳市殷都区道路 PPP 建设项目，包括产业集聚区中轴线北延工程、新 S301 改扩建工程和 S303 安姚路拓宽工程。路线全长 42.01 千米，总投资约 14.74 亿元，全线设大桥 4 座、中桥 5 座、分离式立交 3 座、G107 互通立交 1 处、涵洞 94 道、平面交叉 60 处。

作为殷都区"八纵六横"三年道路建设规划的重要组成部分，该项目对于完善殷都区西部道路交通运输体系，实现东西城市板块各种设施的互联互通，推动新殷都城市化的发展具有重要意义。该项目的建成能够极大地改善殷都区西北部地区沿线村庄的道路通行能力，有效促进农村经济的持续发展，对促进工农业生产、繁荣地方经济、提高人民生活水平，起到非常重要的作用。

北京大兴国际机场北线高速公路廊坊段

北京大兴国际机场北线高速公路廊坊段是首都新机场"五纵两横"地面综合交通体系的重要组成部分,是连接廊坊市区、临空经济区和北京大兴国际机场的便捷高速通道。2020年8月,北线高速公路廊坊段通车运营,意味着廊坊市区与北京大兴国际机场之间有了最直接、最快速、最便捷的通道。

彩插

多元化产业

钢结构制造和新型建筑产业

邢台路桥千山桥梁构件有限公司具备钢结构制造一级资质,系国家高新技术企业,拥有各类性能先进的专用生产设备100余台(套),生产车间6万平方米,年生产能力8万吨,是北方地区最大的波形钢腹板生产基地。公司主要生产钢结构箱梁、工字梁、U肋等产品,同时开展大型钢结构公用建筑的建设施工。公司还与国内知名科研院所合作,进军装配式建筑生产施工领域,建设区域装配式建筑PC构件生产基地,打造现代化的建筑业施工企业。

G107 邢台段绕城改建工程北豆互通 - 钢混组合钢箱梁、工字梁大桥

波形钢腹板桥

邢衡高速南水北调大桥

清河清凉江公路景观桥

公司承建的 G107 邢台段绕城改建工程焦化厂铁路分离式立交钢结构工程荣获第十三届第二批中国钢结构金奖工程，"免维护全钢闭合波形钢腹板组合箱梁制造施工技术研究"荣获 2019 年度中国公路建设行业协会科技进步奖二等奖。

彩插

市政工程

市政公司具有市政公用工程施工总承包一级企业资质，主要承担海绵城市工程、综合管廊工程、城市道路（新建、改建）工程、给排水工程、桥梁工程、公路工程、驳岸工程、绿化景观工程、公共广场工程、电力亮化配套工程、园区开发区及住宅区的市政配套工程等。

新世纪嘉园住宅项目

路桥大厦（金融中心1号楼）

工商银行中兴支行原址新建营业楼及地下车库项目

石家庄市小安舍城中村改造项目

建筑施工产业

　　河北航东建设工程有限公司系邢台路桥建设集团有限公司控股子公司，具备承揽大中型工业与民用建筑及与之配套的水、电、气、空调安装等综合施工能力，同时具备市政、钢结构及建筑装潢装修等工程的专业承包能力。公司技术力量雄厚，施工设备先进，企业管理科学，质量体系完善。公司以河北邢台为基地，业务扩展至北京、天津、上海、广东、湖北、山东、安徽、四川、河南等地，并向国外市场拓展，年施工面积超30万平方米，相继荣获"建筑业优秀企业""质量安全管理优胜单位""重合同守信用单位""文明单位"等称号。

彩插

房地产开发

　　房地产公司拥有房地产开发二级资质。截至目前，开发的项目有新京都小区、阳光水岸小区、佳洲美地小区、锦江不夜城大型商业综合体等，累计开发总建筑面积规模达到120万平方米。

新型绿色建筑产业

  河北襄构建设科技有限责任公司秉承"创新引领、绿色环保、装配集成"的理念,紧紧围绕国家关于"建立现代经济体系,实施乡村振兴战略"的发展要求,专注于乡村装配式建筑的研发和推广。公司依托先进物联网技术、模块式建筑技术以及变革创新的乡村建筑建造模式,打造国际一流、国内首创的最具引领性、节能型、数字化和实用型的小院建筑云,以及乡村休闲平台、乡村康养平台、生态农业平台及居家服务平台,成为最具发展潜力的乡村绿色发展服务商。

彩插

沥青存储区

钢筋存放区

建筑施工新型材料

邢台市宏信昌公路材料有限公司及河北道庆新型建材科技有限公司，立足于建筑和道路建材行业，与国内各大材料生产厂商建立了长期稳定的合作关系，经营范围涉及沥青、水泥、钢筋、柴油、砂石料、沥青混凝土、水泥混凝土等建筑材料。公司凭借多样化、规模化经营优势及经验，为客户物资采购提供一站式管家服务。

邢台襄建建设工程有限公司作为路面专业施工综合服务商,以路面专业承包、成品料销售为主业,兼顾设备租赁业务。公司拥有新型绿色建筑材料研发与产业化基地,近千台(套)工程筑路养路机械设备,成品料年生产能力达到150万吨,近年来参建了邢台市环城公路、迁曹高速公路、西藏贡泽公路等重点项目的路面工程施工。公司秉承"做专、做精、做新"的经营战略,鼎力打造绿色工程,为客户提供优质路面工程成套解决方案。

彩插

泉北大街东延主干道

邢台市邢州大道改扩建工程

守敬路七里河大桥

邢台现代职业学校人行天桥

检测　设计　咨询

科技发展公司拥有工程设计公路行业甲级资质，业务范围包括：各等级公路、桥梁、隧道和交通工程设计，钢结构设计，市政工程设计，大型结构设计，技术咨询，工程项目咨询与评估，造价咨询，PPP 项目咨询，工程管理咨询，BIM 项目应用等。公司着力打造综合性服务平台，引进高新技术人才，打造路桥技术新高地，在透水路面、海绵城市、钢混结合桥梁等新技术及公路工程新产品研发方面居于国内领先地位。

商业运营

　　锦江运营公司系集团下属分公司,业务涵盖锦江不夜城招商运营、遇建商务中心运营、城市书房运营、绿建展示区运营、文化活动中心运营、众合空间运营、物业服务、劳务派遣服务、配餐服务等。

　　锦江运营公司立足理念先进、体系健全的综合性产业生态运营商战略定位,以集团资产的运营维护和规模效益化为基础,建立健全标准化体系,创新运营服务,积极探索现代服务业运营的新模式、新途径。

彩插

商务中心

海外业务

邢台路桥建设集团有限公司紧跟国家"一带一路"倡议,积极响应河北省政府、邢台市政府关于鼓励积极参与"一带一路"建设方案的要求,找准定位,依托政府、央企、合作方等资源和平台,积极开拓海外市场。

公司先后与蒙古、日本、韩国、哈萨克斯坦、斯里兰卡、泰国、乌兹别克斯坦、阿联酋、阿富汗、柬埔寨、印尼、菲律宾等十几个国家展开交流合作、项目对接:设置蒙古、哈萨克斯坦(子)公司及泰国、斯里兰卡、乌兹别克斯坦、阿联酋、阿富汗等工作站点;与韩国桥梁技术公司、哈萨克斯坦阿斯塔纳投资发展部工业园项目、泰国财神国际有限公司公路项目、斯里兰卡科特市政府基础设施项目、阿联酋公司、阿富汗项目等签署合作协议。

公司参加河北 - 中亚合作洽谈会

公司领导赴哈萨克斯坦进行商务谈判

公司驻哈萨克斯坦办事机构

韩国考察团赴公司考察交流

蒙古考察团赴公司考察交流

日本大阪考察团赴公司考察交流

哈萨克斯坦考察团赴公司考察交流

公司领导赴斯里兰卡考察交流

斯里兰卡考察团赴公司考察交流

彩插

科技与创新

邢台路桥建设集团有限公司是国内公路建设行业知名的创新型企业，始终秉承"创新驱动，科技引领"的发展理念，在基础设施研究领域深耕细作。公司采用了新型路基路面、道路养护改造、钢混组合桥梁、装配式桥梁、混凝土 3D 打印、海绵城市建设、装配式建筑、河道治理、筑路设备等先进技术，拥有国家专利 100 余项，主参编标准规范 18 部，发布省部级工法 13 项，承担各类课题 80 余项，获省级科技奖励 8 项。

公司拥有河北省企业技术中心、河北省钢混组合桥梁技术创新中心、建筑 3D 打印河北省工程研究中心、交通运输部公路设施使用状态检测与养护保障和新技术协同创新平台、硅酸盐建筑材料国家重点实验室、工程材料新技术研发中心、邢台市装配式建筑技术创新中心等研发平台。

综合治理与海绵城市建设

3D 打印景观桥

邢州大道彩色路面

石家庄跨南水北调波形钢腹板
混凝土组合连续箱梁大桥

装配式建筑

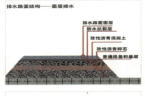

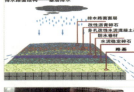

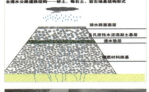

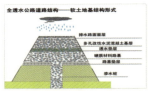

位于七里河北岸的百泉大道，全线采用透水式道路组合结构，使雨水可透过道路路基排出，减少集中排水，提高公路安全性，降低城市内涝风险，并结合其他技术，为市政道路在海绵城市建设的应用提供了解决方案。

党建引领

公司党委认真学习贯彻习近平新时代中国特色社会主义思想,深入开展党史学习教育,创新打造好"四个课堂",教育引导广大党员干部学党史、悟思想、办实事、开新局,切实将学习成果转化为推动企业高质量发展的不竭动力。

企业文化

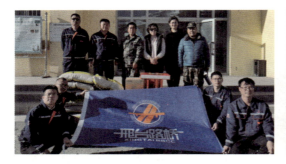

序　言

历史是最好的教科书。习近平总书记指出："在新的赶考之路上，我们能否继续交出优异答卷，关键在于有没有坚定的历史自信。"① 习近平总书记的重要论述，既是治国理政的理论方略，也是强企富工的精神源泉。我们应坚定历史自信、筑牢历史记忆、传承企业文化，重温邢台路桥奋斗历程，感悟初心使命，弘扬"铁军精神"，凝聚奋进力量。

改革开放以来，我国公路桥梁建设进入蓬勃发展时期。推进公路建设高质量发展，不仅是交通行业改革发展的主旋律，也是公路建设从业者肩负的重任。2021年10月，习近平主席在第二届联合国全球可持续交通大会开幕式上发表主旨

---

① 《中共中央政治局召开专题民主生活会强调 弘扬伟大建党精神坚持党的百年奋斗历史经验 增加历史自信增进团结统一增强斗争精神 中共中央总书记习近平主持会议并发表重要讲话》，《人民日报》，2021年12月29日第1版。

讲话指出，新中国成立以来，几代人逢山开路、遇水架桥，建成了交通大国，正在加快建设交通强国[①]。

在回首峥嵘岁月中传承红色基因，担当建设交通强国重任。邢台路桥建设集团有限公司是邢台市交通建设集团有限公司旗下国有全资企业，在几十年的发展历程中，秉承"专业、诚信、高效、卓越·团结、奉献、拼搏、进取"的企业精神，乘风破浪、砥砺前行，用一项项工程强化了神州大地的发展骨架。石太、石安、京沈、连霍、宣大、津蓟、沈大、青银、邢临、廊涿、青兰、大广、张承、新疆S21阿乌、迁曹、大兴国际机场北线廊坊段等高速公路相继建成通车，石安、京石高速完成改扩建，西藏雅鲁藏布江特大桥、甘肃尤羌塘沟特大桥、河南漯河牡丹江路沙河大桥、内蒙古鄂尔多斯西柳沟特大桥、迁曹高速跨京哈铁路转体桥、邯郸东湖大桥、邢台南水北调特大桥等横跨在神州大地的山水之间，便利了交通，装点了河山。凭借良好的信誉和优异的工程质量，邢台路桥建设集团有限公司已成为全国范围内的一张闪亮崭新的名片。

大路无言，自成丰碑。邢台路桥人把勤劳与智慧、责任与使命、奋进与荣耀写在了强国交通光荣史册上，先后获得全国公路建设劳动竞赛优质工程奖、国家优质工程金质奖、国家优质工程银奖、全国公路交通优质工程一等奖、李春奖（公路交通优质工程奖），在青海、天津、河北、安徽分别被授予省、市最高奖"江河源杯""海河杯""安济杯""黄山杯"等荣誉。优质工程的背后，凝结着邢台路桥人不舍昼夜的辛勤付出，书写了中国公路交通事业熠熠生辉的发展篇章。

道阻且长，行则将至；行而不辍，未来可期。历史是一面镜子，可以折射企业变迁的影子。回顾几十年的发展历程，邢台路桥人凝心聚力、团结协

[①] 《与世界相交 与时代相通 在可持续发展道路上阔步前行——在第二届联合国全球可持续交通大会开幕式上的主旨讲话（2021年10月14日）》，《人民日报》，2021年10月15日第2版。

作，穿越山岭、跨过山谷，串连起一条条公路，架设起一座座桥梁，贯通了一条条隧道，绘制出日益完善的交通网络。解读邢台路桥波澜壮阔的发展史，人们可从中聆听到交通强国建设的时代序曲。

新征程，新要求，新使命。邢台路桥人将始终坚持以习近平新时代中国特色社会主义思想为指导，深入贯彻落实公路建设高质量发展的部署和要求，开拓创新、奋力前行，继续做强做优做大国有企业，在加快建设交通强国的征程中贡献力量。

邢台路桥建设集团有限公司
党委书记、董事长

2024 年 3 月 18 日

目 录

第一章　公司总体情况　001

第二章　公司发展历程　005

第三章　组织管理　017

　　第一节　党建引领　018
　　第二节　组织架构　026
　　第三节　主要业绩　032
　　第四节　管理经营　055
　　第五节　科技创新　079
　　第六节　企业形象　088

第四章　公司大事记　089

附　录　111

　　附录1　公司成立以来的历任
　　　　　领导名录　112
　　附录2　先进集体和先进个人
　　　　　荣誉榜　116
　　附录3　上级领导关怀指导　148
　　附录4　公司特殊意义事件　172
　　附录5　媒体关注公司　206

第一章

公司总体情况

邢台路桥建设集团有限公司（以下简称"公司"）是国有全资企业，是集咨询规划、投资融资、设计建造、管理运营于一体的大型基础设施综合服务商。注册资本42.54亿元，具有国家公路工程施工总承包特级资质，市政公用工程、建筑工程施工总承包壹级资质，路面、路基、桥梁、隧道、公路交通工程、钢结构工程专业承包壹级资质，公路行业设计甲级资质等。公司现有专业技术人员1600余人（其中正高级职称50余人、高级职称220余人、中级职称390余人），一级建造师150余人、二级建造师200余人，年生产能力200亿元。

公司已形成施工总承包、项目投资运营、建设保障和其他建设业务四大类型的业务架构，涵盖了建设项目的整个产业链条，能够以多种模式为公路、市政、水利、建筑等项目提供全产业链条、全生命周期的全方位服务。

公司先后参与了青银、京港澳、京哈、连霍、青兰、大广、张承、仁沐新、德上等百余条高速公路项目的建设，并承建了大量的各级公路、桥梁工程，足迹遍布包括新疆、西藏、云南、广东等在内的全国28个省（自治区、直辖市），先后获得全国公路建设劳动竞赛优质工程奖、国家优质工程金质奖、全国公路交通优质工程一等奖、李春奖（公路交通优质工程奖）、国家公路建设质量奖，在青海、天津、河北、安徽分别被授予省（直辖市）最高奖"江河源杯"①"海河杯"②"安济杯"③"黄山杯"④。

随着国家基础设施和民生工程建设的全面铺开，公司在公共服务、资源环境、生态建设、基础设施等重点领域持续发力，投资项目近40个，分布在新疆、内蒙古、山东、河南等地，包括大兴国际机场北线高速公路廊坊段、河北省迁曹高速公路、河南省漯河市城乡一体化示范区沙河沿岸综合整治等PPP（政府和社会资本合作，Public-Private-Partnership）项目，签约额约500亿元。其中，大兴国际机场北线高速公路廊坊段、山东宁津农村公路、内蒙古赤峰省道219、云南腾陇高速盈江出口延长线等项目已经进入运营期。

公司坚持"创新驱动，科技引领"的发展理念，在长寿命路面、道路养护技术、钢混组合桥梁、装配式桥梁、混凝土3D打印、海绵城市建设、装配式建筑、河道治理、低碳建材等方面形成了成套的先进技术。拥有国家专利100余项，主导、参与编制标

---

① "江河源杯"全称为青海省建筑工程"江河源杯"奖，是青海省建筑行业工程质量最高荣誉奖。以下简称"江河源杯奖"。
② "海河杯"全称为天津市建设工程"海河杯"奖，是天津市建设工程质量最高荣誉奖。以下简称"海河杯奖"。
③ "安济杯"全称为河北省建筑工程"安济杯"奖，是河北省建筑行业工程质量最高荣誉奖。以下简称"安济杯奖"。
④ "黄山杯"全称为安徽省建筑工程"黄山杯"奖，是安徽省建筑行业建设工程质量最高荣誉奖。以下简称"黄山杯奖"。

准规范 18 部，发布省部级工法 13 项，承担各类课题 80 余项，获省部级科技奖励 8 项。拥有河北省省级企业技术中心、河北省钢混组合桥梁技术创新中心、建筑 3D 打印河北省工程研究中心、交通运输部公路设施使用状态监测与养护保障和新技术协同创新平台、硅酸盐建筑材料国家重点实验室、工程材料新技术研发中心、邢台市装配式建筑技术创新中心等研发平台，通过产学研用深度融合，在新型结构设计、新型建造技术、新型建筑材料、新型建造装备等方面取得了丰富的研究成果，为推动我国实现"双碳"目标提供了重要的技术支撑。

站在改革发展新起点，公司坚持以习近平新时代中国特色社会主义思想为指导，聚焦主责主业，抢抓发展机遇，着力打造全国一流的现代化建筑业集团公司，努力为员工带来福祉，为社会创造价值，为交通强国建设贡献力量。

第二章
公司发展历程

一、20世纪60年代—1995年初创时期发展

本目阐述20世纪60年代邢台地区交通局工程队成立至1996年邢台路桥建设总公司成立前的30年间，邢台路桥队伍组织、企业组建、业务开拓发展的艰苦创业历程，以及交通运输在邢台市国民经济发展中的角色、地位与作用等。

第一阶段：20世纪60年代—1987年

20世纪60年代，我国经济水平落后，交通运输不畅，物资供应紧张。邢台地区除107国道以外，还有少数几条通往山西、山东相邻省份的沥青公路，按现有标准连三级路都达不到。通往所属各县的公路交通基本是土路，所谓养路仅仅是在夏天雨季时候，养路工们把被雨水冲毁的道路重新用土填上。20世纪60年代中叶，邢台地区交通局将散落在各县的养路工汇集到一起，成立了邢台地区交通局工程队（以下简称"工程队"）。

工程队成立之初，铁锹、排子车（地拉车）、大铁锅等就是全部装备。维修沥青路面时，工人要去公路沿线的村庄购买木柴，用于加热沥青混合料。技术人员、施工人员文化水平低，只能对已有公路的损毁进行小型挖补，工艺技术水平十分落后，生产效率低下。直到20世纪70年代，工程队陆续购置了施工机械和测量设备，接收了分配来的专业学校毕业生，有了专业技术人员，才开始承担公路工程建设的任务。

1987年底，工程队拥有职工154人，其中中专学历以上专业技术人员20人。

1984—1987年，工程队完成产值1193万元。

第二阶段：1988—1995年

1988年，邢台地区交通局引进竞争机制，将工程队一分为二，成立邢台地区交通局工程一队、工程二队。

1993年，邢台市与邢台地区合并，原邢台地区交通局工程一队、工程二队更名为：邢台市公路工程一处、工程二处。工程二处承揽了河南省三门峡310国道工程（23.5千米，投资4652万元），这是工程处首次出省承揽工程。工程一处还与天津市政五公司合作，通过石安高速公路投标资格预审，跨出了借船出海第一步，也迈出了进军高速公路市场的第一步。

1994年，两个工程处完成产值5500万元，利税700万元；新增固定资产2600万

第二章 公司发展历程

元,总额达到4000万元;拥有大中型筑路机械150台套,引进"先张预应力技术";人员总编制150人。

1995年,两个工程处完成产值1.3亿元,建设二级以上公路里程64.3千米,大中桥9座;年生产能力1.3亿元,固定资产(筑路设备)从896万元增加到4717万元;拥有职工总数331人,技术人员118人,其中高级职称1人、中级职称23人、初级职称94人。

二、1996—2015年发展壮大期

自1996年邢台路桥建设总公司(以下简称"公司")成立以来,公司便以"助力中国建造,实现基业长青"为使命,本着"诚信为本、敬业至上、合作共享"的企业核心价值观,先后参与了石太、石安、京沈、京沪、宣大、津蓟、沈大、青银、邢临、廊涿、青兰、大广、张承等百余条高速公路项目的建设和石安、京石改扩建,并承建了大量的各等级公路和桥梁,参与了国家重点工程建设,施工足迹遍布全国,在各个项目施工中以过硬的质量和科学的管理赢得了良好的信誉,有序扩大了市场化交易规模。

第一阶段:"九五"期间,1996—2000年

1996年,邢台市机构编制委员会办公室邢机编办字(〔1996〕1)号文件,同意将邢台市公路工程一队与邢台市公路工程二队合并,设立邢台市路桥建设总公司,为副处级规格事业单位,实行独立核算,自收自支,自负盈亏,企业化管理。公司该年中标项目2个,中标额1.7亿元,承建8项工程,完成产值2.04亿元,资产总额达4717万元,职工总数341人。公司制定了第一份五年计划,旨在推动公司的发展和壮大。

1997年,是公司质量上档次、企业创名牌的关键一年。公司全年承建在建工程10项,完成产值2.95亿元,资产总额达6917万元。

1998年,邢台市交通局印发《关于路桥建设总公司内设机构、下属单位设置和管理模式的通知》(〔1998〕36号),确定邢台市路桥建设总公司内设机构、下属单位设置和经营管理模式。邢台市路桥建设总公司实行企业化管理,内部机构设置机关为四科一室:办公室、计划财务科、工程科、科学技术科、设备科,定编30人;下设七处一站:邢台市路桥建设总公司工程一处、邢台市路桥建设总公司工程二处、邢台市路桥建设总公司工程三处、邢台市路桥建设总公司工程四处、邢台市路桥建设总公司工程五处、邢台市路桥建设总公司工程六处、邢台市路桥建设总公司物业管理处、邢台市路桥建设总

公司机械运输管理站。邢台市路桥建设总公司以"邢台路桥建设总公司"的名义对外经营，按照国家有关规定申报领取营业执照和施工资质证书，根据施工资格证书的经营范围进行相应的工程施工。该年，公司中标项目4个，中标额5.5亿元，全年承建21项工程，完成产值3.5亿元。公司成功取得了建设部施工企业一级资质，真正进入全国一级资质队伍的行列。公司的股份合作制改造和分公司的设立完成，组建了10个分公司。公司2项产品荣获国家专利，资产总额1.14亿元，职工总数342人。

　　1999年，公司进一步提高企业管理水平，扩大市场地域，成功取得了全国公路施工一级资质、交通部一级资信和外贸部对外经营权，组建了南方工程公司并正式运营。公司全年承建在建工程20项，创历史纪录。公司资产总额2亿余元，年产值能力达到4个亿。公司职工总数430人，其中拥有高级职称的7人，初、中级职称的152人，拥有大中专以上学历的198人。

　　2000年，公司更新观念、加强管理、深化改革，全年承建在建工程18项，完成产值3.2亿元，成功取得了ISO 9002质量体系认证证书。该年公司新增固定资产800多万元，资产总额达到近3亿元，实现了固定资产的保值与增值。

第二阶段："十五"期间，2001—2005年

　　2001年，是公司实施第2个五年计划的第一年。该年公司中标项目11个，实现市场开发总额5.5亿元，全年承建在建工程20项，完成产值3.4亿元。公司获得邢台市科技进步三等奖1项，"自密实免捣水泥柱组成设计"被列入河北省交通厅科学技术攻关项目。

　　2002年，公司承揽工程总额达5.9亿，获取建设部一级总承包和路基路面专业一级承包资质，市场开发能力进一步加强。公司全年承建在建工程项目21项，完成产值3.98亿元，其中获得"河北省交通厅科技进步奖"1项，并荣获"河北省优秀发明创造单位"和"河北省十大优秀发明创造单位"称号。公司加强安全管理，建立ISO 14000和ISO 18000国际标准体系，"环境管理体系"和"职业安全健康管理体系"完成贯标认证。

　　2003年，公司进一步加大市场开发力度，中标高速公路项目4个，一、二级公路项目17个，实现市场开发总额11.1亿元。公司全年承建在建工程26项，完成产值5.1亿元。质量管理体系完成2000版的换版工作。公司中心试验室通过河北省省级计量认证，取得乙级试验室资质。邢台市交通局物资供应处合并到总公司，下属五公司划分到邢台市交通局直属，更名为邢台道桥工程处。

2004年，公司中标项目13个，实现市场开发总额4亿元，取得了交通设施施工资质，增加了沥青加工销售范围，业务领域进一步拓宽。公司全年承建在建工程22项，完成产值6.2亿元，以过硬的工程质量赢得市场。公司申报科技项目6项，2项被定为河北省交通厅科技攻关项目。

2005年，公司实现市场开发总额5亿多元，全年承建在建工程25项，完成产值7.9亿元。公司获批成为七里河综合治理项目业主，顺利办理安全生产许可证，交通设施厂正式投产，申报国家专利5项。

第三阶段："十一五"期间，2006—2010年

"十一五"期间，公司先后承揽了多条高速公路项目，以及邢台市一城五星工程、紫金大桥、卫运河特大桥等多项国家和省市重点工程项目。公司总共完成产值约83亿元，同上一个五年相比，产值增长了三倍以上，企业生产能力实现了跨越式增长。公司共获得13项专利授权，其中发明专利3项、实用新型专利10项。公司开始从新建公路项目向建造新型功能道路、提升现有公路性能转变，以提高产品的技术含量、性能和附加值，发展转型取得重大进展。

"十一五"期间，公司将成立以来所有制度进行了增删修订，新制定了《劳务分包暂行规定》《劳动用工管理制度》《合同员工晋升管理办法》等一系列重要制度，印制了《邢台路桥建设总公司规章制度汇编》，使得各项工作做到有章可循，大大提高了管理的科学性和有效性。公司教育培训工作坚持为工程建设服务的方针，大力提高职工业务素质。"十一五"期间，公司用于职工培训的投资金额高达200万元，连续5年对职工进行了冬季培训，共有6000余人次参加了不同性质、不同层次的培训。公司新招聘了70余名大学本科毕业生，技术人员和高学历人员占职工比例有了较大幅度的增长，为各项工程的施工和管理提供了可靠保障。

2006年，是公司第三个五年计划的第一年。该年公司中标项目19个，承揽工程总额23亿元。公司全年承建在建工程28项，完成产值达10.5亿元。该年，公司五年规划迈出了坚实的一步，七里河综合治理工程全面铺开，被邢台市委、市政府确定为邢台市"十一五"期间的标志性工程、邢台市城建"一号"工程。公司获得邢台市科技进步三等奖1项、河北省交通厅科技进步三等奖1项、国家专利1项、公司职工总数486人，其中各门类专业技术人员323人，本科学历208人。

2007年，公司中标项目10个，实现市场开发总额3.4亿余元。公司全年承建在建工程26项，完成产值13.37亿元。"新型路面结构层"获得国家发明专利。

2008年，公司全年中标项目14个，全年承建在建工程33项，完成工程产值14.7亿元，实现了在新基础上的更好更快发展。该年，公司继续开展新技术研发，2项技术获得国家专利授权，2个科技项目通过河北省交通厅组织的专家鉴定（分别获得邢台市科技进步三等奖和河北省交通厅科技进步二等奖），"大孔隙基层工艺"被批准纳入国家工法。

2009年，公司中标项目15个，实现市场开发总额14.5亿元。公司全年承建在建工程42项，完成产值25亿元。该年，公司科技创新工作取得新进展，申报专利技术8项，获得有效专利技术授权11项，获批部颁工法3项。公司职工总数570人。

2010年，是"十一五"的收官之年。公司中标项目23个，在建工程总投资约68亿元，完成产值42.7亿元，成功新增隧道工程专业总承包一级资质。公司全年申报专利技术5项，其中发明专利2项，在河北省交通运输厅批准立项3个科技项目。公司职工总数699人。

第四阶段："十二五"期间，2011—2015年

"十二五"期间，公司先后承揽了多条高速公路项目，包括张承高速公路、邢汾高速公路、邢衡高速公路建设和京港澳高速公路改扩建等多项国家和省市重点工程项目。"十二五"期间，公司共完成建设投资129亿余元，同上一个五年相比，企业生产能力有了显著提高。公司共完成科技立项27项；独立发布河北省地方标准6项，参编行业标准1项；审定通过行业工法2项、省级工法1项；申报专利40项，获得授权专利41项（其中发明专利9项、实用新型专利32项）。公司开始从新建公路项目向建造新型功能道路、提升现有公路性能转变，以提高产品的技术含量、性能和附加值，发展转型取得重大进展。公司根据管理需要，针对管理中的薄弱环节，新建、修订、完善了《重大事项决策程序制度》《项目融资投资管理制度》《机械管理制度》《工程施工管理制度》《招聘程序》等相关文件，制度体系进一步完善，管理的规范化、科学化程度进一步提高。

2011年，是公司第四个五年计划的第一年。该年，公司中标项目36个，实现市场开发总额39亿元。公司全年承建在建工程32项，完成产值23.5亿元。科技项目在河北省交通运输厅立项4项，通过鉴定验收7项，国际先进1项，国内先进2项，国内领

先 3 项，全年共申请国家专利 3 项。公司职工总数 610 人。

2012 年，公司中标项目 26 个，合计金额 24 亿余元。公司全年承建在建工程 45 项，完成产值 26.8 亿元。公司入围 2011 至 2012 年度"中国建筑业 500 强企业"。公司全年申请国家专利 15 项，获得授权专利 7 项。公司职工总数 703 人。

2013 年，公司稳中求进，抓好落实，全年中标项目 32 个，实现市场开发总额 39 亿元，居全省路桥施工企业第一位。公司全年承建在建工程 48 项，完成投资 32.84 亿元。该年，公司获河北省交通运输厅科技进步一等奖 1 项，河北省建设厅一等奖 1 项，邢台市科技进步二等奖 1 项、三等奖 2 项。公司职工总数 677 人。

2014 年，公司中标项目 24 个，中标工程金额 6.38 亿元。公司全年承建在建工程 43 项，完成投资 27.35 亿元。该年，公司提交专利申请 17 件，获得授权专利 20 件，入选"2014 年度交通运输建设科技成果推广目录"的科技成果 4 项。

2015 年，公司在传统招投标领域和 PPP 市场开发领域承揽工程总额 40.3 亿元，传统项目中标 39 个，谈判接洽 PPP 项目 20 余项，承建在建项目 51 项，全年完成营业收入 22.19 亿元，其中工程产值 19 亿元，其他产业产值 3.19 亿元。公司成功获得城市园林绿化三级资质和中国钢结构制造一级资质，为多元化发展奠定了基础。该年，公司完成项目鉴定验收和成果登记 3 个，申请并获得专利授权 4 项。公司职工总数 702 人。

三、2016—2020 年跨越发展期

2016—2020 年公司规模快速增长，综合实力跨越迈进；产业布局逐步清晰，市场区域逐步扩大；建筑资质突破升级，科技创新成果丰硕。"十三五"期间，公司的年合同价、施工产值、毛利润总额分别跨越 100 亿元、80 亿元、12 亿元大关，是"十二五"期间的 3 倍。

"十三五"期间，公司继续坚持"两条腿走路"的方针，一方面积极巩固传统建筑业务，另一方面稳步拓展 PPP 等合作模式，提供"投、融、建、运、养、管"全周期的项目综合服务，实现了公司业务转型升级，克服了建筑行业竞争激烈、利润率低的不利因素，实现了高速发展。公司盈利能力良好，发展态势强劲，居于邢台市属国企领先地位。

"十三五"期间，公司结合市场形势和政策导向，稳步审慎推进投资业务。截至 2020 年底，公司投资项目共计 335 亿元，各投资项目有序、稳步推进，逐步形成了开

发—建设—运营—再开发的良性循环。投资项目的开展，丰富了公司的产业布局，推进了公司从单一传统施工单位向"投资+设计+施工+制造+运营"的综合性集团转型升级，为公司提升规模、跨越发展提供了强大助力，从服务邢台，到遍布全国，并开始走向世界。公司在河南、甘肃、湖北、陕西、安徽、新疆、山西、西藏、山东、宁夏、四川、北京等多地成立子公司或办事处，已经形成面向全国的市场布局。同时，公司积极开拓国际市场，在哈萨克斯坦首都阿斯塔纳成立了办事机构，对接哈萨克斯坦优质项目。

公司以"路桥速度"打造路桥品牌，在河北省内外多个重点项目中迎难而上，按时、保质、保量完成施工进度，受到政府部门及业主单位的高度评价。公司在邢台市环城公路、园博园、迁曹高速公路等建设项目中，面对多重压力，高效优质地完成施工任务，彰显了公司作为邢台市国有企业勇于担当的使命感和责任感。公司获评国家公路建设最高质量奖"李春奖"、新疆维吾尔自治区交通运输厅"建设杯"优胜单位和先进项目部、邢台市级优质工程"金牛杯"奖①、河北省"安济杯"奖、京津冀协同发展交通一体化重点建设项目劳动竞赛先进企业奖等多个奖项，还被授予"全国青年安全生产示范岗"称号，为邢台路桥、邢台交通争得了荣誉。

公司获得公路施工总承包特级资质和公路行业甲级设计资质，成为邢台市唯一具有特级资质的施工企业，实现了邢台市建筑业发展史上特级资质零的突破，标志着公司迈进了全国建筑施工企业的"第一方阵"。

公司新增专利18项，拥有专利增至73项，成功申请河北省专利资助资金，科技成果获省部级科技进步奖，并发布《公路装配式组合钢箱梁设计规范》和《公路装配式组合钢箱梁制造与安装规程》等若干地方标准。公司技术中心通过了省级技术中心评价，继续保持省级认定企业技术中心资格。公司下属的千山桥梁公司（以下简称"千山公司"）获批国家高新技术企业。公司主办了河北省钢混组合桥梁建设技术创新中心启动会，与清华大学、国家钢结构工程研究中心院士团队打造创新平台，推进钢混组合结构技术合作研究。公司联合河北工业大学等，获批成立"河北省建筑3D打印工程研究中心"，联合河北农业大学开展尾矿资源化利用研究。公司在创新平台建设、产学研合作、成果转化应用、学术交流等方面取得显著成效，科技创新能力和企业核心竞争力得到进一步提升。

---
① "金牛杯"全称为邢台市建设工程"金牛杯"奖，是邢台市建筑行业工程质量的最高荣誉奖。以下简称"金牛杯奖"。

2016年，公司在甘肃、安徽、北京等12个省（自治区、直辖市）成立了子公司或市场开发办事处，面向全国的市场布局初步形成。公司全年中标项目47个，实现市场开发总额21.4亿元。公司全年共承建在建工程51项，完成产值20亿元。该年，公司获授权发明专利7项，发布地方标准2部，主编发布河北省地方标准9部，参编交通行业标准1部。公司职工总数1178人。

2017年，公司各项业务指标全面提升，开启邢台路桥变革发展的新征程。公司全年中标项目70个，市场开发签约额突破143亿元，承建在建项目141项，完成综合产值45亿元。公司职工总数1850人。

2018年，公司中标项目67个，实现市场开发总额135亿元，承建在建项目118项，完成产值71亿元。该年公司荣获李春奖，成立河北省技术创新中心，成功获得公路施工总承包特级资质、公路行业甲级设计资质。公司发布河北省地方标准1部，通过交通运输部行业施工工法评审1部，新增实用新型专利3项，外观设计专利1项，拥有专利增至71项。公司职工总数2485人。

2019年，公司提前一年实现了市场开发和综合产值"双百亿"战略，市场开发总额108.5亿元，综合产值102亿元，全年承建在建工程101项。该年，公司新增授权专利2项，专利总数达到73项，发布行业工法和地方标准各1部，科技成果获省部级科技进步奖2项。公司职工总数2376人。

2020年，是国家"十三五"的收官之年，"十四五"规划布局之年。公司中标项目60个，实现市场开发总额104.5亿元，完成综合产值120.83亿元。公司全年新申请专利21项，获授权9项；申请科技项目15项，验收13项；主编行业施工工法3部，首次获批行业优秀工法1部。公司成功获批国家高新技术企业，荣获河北省科技进步二等奖1项，首次参编修订的国家标准《钢结构焊接标准》通过专家审查。公司职工总数2072人。

四、"十四五"公司未来规划

2021年，公司抢抓市场机遇、完善投资运营机制、强化经营管理，中标项目83个，市场开发总额114.1亿元，承建在建工程85项，完成综合产值90.59亿元，投资类项目完成投资50.13亿元。该年，公司科技创新再创佳绩，申请专利6项，授权11项，其中发明专利3项，组织完成市级科技项目验收材料编制3个，科技项目的验收和成果

登记3个，获批公路工程行业工法1部，QC（Quality Control，质量控制）成果荣获河北省交通运输协会优秀成果4项，被推荐为河北省优秀QC成果1项，在河南漯河落成装配式混凝土3D打印拱桥，实现了"十四五"良好开局。公司职工总数2540人。

2021年6月，经邢台市国资委批复同意，"邢台路桥建设总公司"由全民所有制企业整体改制为国有独资公司，企业名称由"邢台路桥建设总公司"变更为"邢台路桥建设集团有限公司"。公司在完成事业单位转企改制工作后，整体并入邢台市交通建设集团，改为国有全资企业，以交建集团的"五指合拳"战略为指引，结合新经济条件下的市场竞争和自身业务发展需要，对现有的发展模式、经营模式、管理模式进行调整，逐步形成市场化的现代企业治理及管理体系。

2022年，是国企改革三年行动收官、实施"十四五"规划承上启下的关键之年。该年，公司中标项目90个，实现市场开发总额134.27亿元，承建在建项目170个，完成营业收入127.54亿元，在市国资委7家重点骨干企业考核中获A级等次，荣获公路施工企业全国综合信用最高评级AA级，完成市政壹级资质分立到子公司，取得水利贰级资质和电力叁级资质，获得公路路基路面、桥梁、交安专业养护资质。公司荣获中国公路学会优秀科技成果奖和河北省"燕赵杯"BIM技术应用大赛成果奖，完成省市级科技项目申请13项、验收7项，授权专利9项。公司职工总数2572人。

"十四五"公司未来发展战略：

目标决定方向，理念决定模式，"十四五"期间，公司的发展战略就是要坚持深化改革、调整结构、统筹规划、聚焦深耕，要坚定不移地先做强、做优，再谋求做大，追求持续、健康、快速发展。公司借助交建集团组建的东风，通过改革转型，利用市场倒逼机制，提高自身能力，通过区域化经营、专业化发展、精细化管理，创新投融资模式，争取在"十四五"期间实现爆发式发展。

（一）聚焦路桥主业，建立"1+X"业务组合

公司聚焦"高、大、新、尖、特"工程，用好邢台市交通建设集团的平台优势，为河北省"十四五"规划的"三区一基地"建设贡献力量。公司积极参与政府主导的市政、公路业务，积极参与雄安新区建设，积极参与站房（机场航站楼、铁路站房）、城市轨道交通、隧道业务、保障房、学校、体育场馆、水利工程等民生工程建设，国家

战略背景下的智能化厂房建设,以及物流园区、电商总部基地、国内一般产业园区、乡村振兴项目、"一带一路"产业园区建设,逐步形成"1+X"业务组合:"1"为公路、市政等交通基础设施建设项目,"X"为土木建筑工程、工程项目投资建设、钢结构工程、水利工程、新型环保建材生产、混合料销售、工程设计、试验检测、商业运营等建筑细分产业。

"十四五"期间,公司在保持"1"相对稳定的基础上,有所侧重地拓展"X"领域市场,通过相对稳定的专业团队培育和技术积累,形成在细分"X"市场领域的竞争优势。

1. 公司由施工总承包向工程总承包、产融结合、产营结合转型,联合国家级或行业权威咨询机构,通过向政府提供规划和初步设计方案创造市场;通过强化项目投(融)资能力,增强大项目竞争力;充分利用公司的特级资质,通过整合建筑行业的全产业链,推进全面向工程总承包转型。

2. 公司的投资建造策略以投融资为纽带,提升投融资管理能力与资本议价能力,以参股成立合资公司、联合总承包、PPP等模式进入高大精尖、公路、市政道路、轨道交通站房、机场场道领域,获取较高的投资和施工收益。

3. 公司加强资质调整和特级资质的维护,通过申报和兼并收购,加大力度完善设计、检测等资质等级,实现打通建筑全产业链资质。

(二)完善区域布局,形成"1+M+N"市场布局

公司抢抓国家战略机遇,强化政策引导,逐步形成"1+M+N"的市场布局。"1"是核心区域市场,为公司总部所在地河北省;"M"是重点区域市场,为经济发展势头强劲省(自治区、直辖市)当地各项经济指标在公司排位靠前、能在公司发展中起较强战略引领作用的区域,如浙江、山西、安徽、四川、云南、贵州、福建、新疆等地。"N"是培育和辐射区域市场,为具有较强发展势头的省(自治区、直辖市)、当地各项经济指标在公司占较大份额、能辅助公司战略发展的区域,如广东、山东等地。"十四五"期间,公司将加大资源投入和政策倾斜,逐步建立健全区域公司及专业公司建立、合并与退出机制,引导区域公司提高"1+M"区域集中度,将人、财、物等资源集中配置到重点区域市场。

第三章

组 织 管 理

第一节 党建引领

◎ 1996 年 ◎

1996 年，公司成立后，及时组建了各级党组织，对党建工作和精神文明建设工作都作了具体安排，结合各项工作的实施，把政治理论学习和向英模人物学习作为一项政治任务加以分解落实。公司党委积极发挥党员示范带头作用和党组织的战斗堡垒作用，在邢台 107 国道白马河抗洪抢险战斗中，公司党委组织党员干部职工连续奋战四天四夜，修通了白马河路段，被河北省委省政府和邢台市委市政府分别授予"抗洪抢险先进集体"，2 人获邢台市五一劳动奖章，20 人受到邢台市交通局党委表彰。公司全年共有 21 名同志递交入党申请书，6 名同志入党。公司加强宣传力度，创办《邢台路桥信息》，多篇稿件被《邢台日报》《中国交通报》等媒体刊登，宣传了公司的良好形象。

◎ 1997 年 ◎

1997 年，公司党委深入学习贯彻邓小平理论和党的十五大精神，扎实开展学习"李素丽"和争创"讲政治、讲学习、讲正气"文明机关活动，进一步深化形象工程建设，加强党的思想作风建设，提高干部队伍素质。全年，石晨英同志被评为邢台市十佳职工和全市交通系统优秀党员标兵，张建文同志被授予邢台市五一劳动奖章，7 名同志被邢台市交通局党委评为优秀党员，8 名同志入党，公司团委被共青团河北省委授予"青年文明号"。公司继续把办好《邢台路桥信息》作为重点，积极与新闻单位合作，深入工地采访，多篇文章在河北省、邢台市文联主办的刊物《散文百家》《当代人》刊登，邢台市有线电视台、广播电台多次录制公司节目给予宣传报道，塑造了公司良好的企业形象。

◎ 1998 年 ◎

1998 年，公司党委认真组织全员进行了党的十五大报告和邓小平理论的学习，提高全体干部职工的理论水平，增强了贯彻党的十五大精神的自觉性。新建的各分公司中，及时建立、健全了党、团、工会组织，为有效开展各级组织的正常活动奠定了基础。公司全年共有 8 名同志入党，12 名同志被确定为重点培养对象。公司体制改革、住房分配制度、奖惩制度等重大问题，经过工会、职代会的充分讨论作出决议付诸实施，得到了职工的拥护，充分发挥了工会、职代会的作用。

◎ 1999 年 ◎

1999 年，公司党委积极组织开展"学先进、赶先进、争为公司做贡献"活动，全体党员干部职工舍小家为大家、忘我工作、开拓拼搏、敢争第一，形成了宝贵的路桥精神。公司全年共有 10 名同志光荣入党，18 名同志被确定为重点培养对象，各级党的组织正常开展工作，党员干部积极在各自的岗位上起着模范带头作用。

◎ 2000 年 ◎

2000 年，公司党委认真开展"讲学习、讲政治、讲正气"的"三讲"教育，进行了学习、讨论、自省，召开多次座谈会，广泛征求了职工的意见，加强班子与职工的沟通和了解，以让职工满意为出发点，制定和落实各项制度，进一步加强党风廉政建设。在"三讲"教育中，公司干部职工以高度的责任心和主人翁意识，以公司利益为重，提出了许多很好的建议和意见，对加强公司的建设和改善领导作风有着重要作用。

◎ 2001 年 ◎

2001 年，公司组织学习"三个代表"重要思想。公司党委按照邢台市委、组织部及市交通局党委要求，认真学习贯彻党的十五届六中全会精神和"七一"讲话精神，开展专题民主生活会，组织党员、入党积极分子赴邯郸"一二·九"旧址、山东孔繁森同志故居、西柏坡七届二中全会会址进行革命传统教育，学习"三个代表"重要思想，开展庆祝建党 80 周年知识竞赛，增强公司各级党组织的凝聚力和战斗力。

◎ 2002 年 ◎

2002 年，公司各级党组织加强政治理论学习，系统学习十六大报告、"七一"讲话和"五三一"讲话，全体党员干部精神振奋、思想进步，在各自的岗位上努力实践"三个代表"重要思想的要求，发挥了模范带头作用。公司组织新党员进行专题学习，赴北京观看升国旗，到南街村参观学习，进行爱国主义教育，增强了党员的组织意识及党性原则。公司全年共有 9 名同志光荣入党，8 名同志转为预备党员，公司团委进行了换届改选，为企业顺利运转提供了组织保障。

◎ 2003 年 ◎

2003 年，公司党委与全体党员干部职工一起，努力开创"民主、活泼、守纪、舒畅"的政治局面，认真学习了党的十六大和十六届三中全会精神，扎实开展"树讲求"活动，进行民主集中制学习教育，定期召开民主生活会。一年来，公司各级党员干部发挥着党员先锋模范作用，张艳敏、石文军、季广军、王建平 4 名同志分别荣获"市巾帼建功明星""省交通系统劳模""青年岗位能手""新长征突击手"等荣誉称号，35 名青年团员申请入党，10 名同志转为预备党员，9 名同志转为正式党员，公司党组织进一步壮大。

◎ 2004 年 ◎

2004 年，公司大力加强党的建设和队伍建设，制定下发了《精神文明工作要点》和《党建工作要点》，从教育、制度、监督多方入手开展反腐败斗争，深入开展学习《没有任何借口》《一切从零开始》等书籍，进一步提高职工队伍的政治素质和思想素质。公司在内部树立模范典型，发挥模范人物的带头作用，增强职工队伍的凝聚力和战斗力，为公司的持续、健康、快速、全面发展，提供政治支持和思想保证。

◎ 2005 年 ◎

2005 年，公司党委以"保持共产党员先进性教育活动"为契机，强化党员意识，全公司 140 多名党员干部，在各自岗位上发挥着模范带头作用。公司中心试验室连续 3 年无差错、无投诉，被评为河北省"巾帼建功"先进集体。霍玉娴同志被评为河北省交通系统"巾帼交通建功明星"、邢台市"巾帼明星"。公司全年新列 32 名入党积极分子，9 名同志加入中国共产党，10 名预备党员如期转正。

◎ 2006 年 ◎

2006 年，公司党委坚持每周五集中学习制度，组织开展学习贯彻党的十六届六中全会决议、中央纪委六次全会精神等各项政治理论学习，深刻理解党和政府的各项方针政策，全体党员干部职工的政治理论水平进一步提高。公司全年有9名预备党员转正，8名积极分子入党。公司中心试验室被评为河北省"三八红旗集体"，霍玉娴、孔维芬、高红、郭淑莉、路旭5名同志分别被评为"女职工建功立业标兵"、邢台市"巾帼建功"先进个人、市级"三八红旗手"、市委青年岗位能手，七里河综合治理工程受到河北省、邢台市领导及群众的高度评价。

◎ 2007 年 ◎

2007年，公司党委深入开展各种创建活动，出台了《关于做好2007年反腐倡廉工作的具体意见》，大力开展干部作风教育整顿，职工精神面貌和思想道德素质有了明显进步。公司加强党的支部组织建设，改选、调整了下属支部，对新当选的支部书记进行党务知识培训，发展预备党员9名，按期转正预备党员11名，新增入党积极分子43名，为党组织增添了新鲜血液。

◎ 2008 年 ◎

2008年，公司党委和全体党员干部职工深入学习实践科学发展观，扎实开展干部作风教育整顿活动，举办多种形式的创建活动，制定相应的整改措施，全面提高单位文明水平。公司制定颁布《党风廉政建设和反腐败工作方案》《〈贯彻落实建立健全惩治和预防腐败体系2008—2012年实施意见〉的实施办法》，广泛开展党纪国法教育和反腐警示教育，提高党员干部廉洁自律意识。公司全年发展预备党员10名，按期转正预备党员9名，新增入党积极分子43名，党员队伍进一步壮大，党员干部的先锋模范带头作用进一步增强。

◎ 2009 年 ◎

2009年，公司党委扎实开展学习实践科学发展观活动，深化了对科学发展观的认识，通过对公司规章制度进行废、改、立，进一步完善了公司管理体系，提高了用科学发展观指导工作实践的能力和水平。公司认真开展干部作风建设年和学习吴大观同志事迹活动，以先进人物、模范事迹感召广大党员干部职工转变工作作风，爱岗敬业、无私奉献。公司在内部弘扬"爱国守法、明礼诚信、团结友善、勤俭自强、敬业奉献"的社会主义基本道德规范，营造风清气正的良好氛围，有效促进了单位的和谐。

◎ 2010 年 ◎

2010 年，公司党委组织各支部、党小组和全体党员积极开展"认责承诺""全面对标""争旗夺星"等活动，充分发挥带头作用，进一步提高了公司的凝聚力、战斗力。公司全年 18 名预备党员按期转正、17 名入党积极分子加入党组织，成为预备党员。公司被授予"河北省文明单位""河北省五一劳动奖状"。

◎ 2011 年 ◎

2011 年，公司党委着力构建有利于党组织和党员发挥作用的体制机制，扎实开展"全面对标""认责承诺""夺旗争星""亮旗示范"四项机制，加强党的基层组织在推动公司科学发展中建功立业、发挥作用。公司全年共有 10 名预备党员按期转正，被授予"先进基层党组织""青年文明号"等荣誉，1 名同志被评为优秀党务工作者，14 名同志被评为优秀共产党员。

◎ 2012 年 ◎

2012 年，公司党委全面深入学习宣传党的十八大精神，以践行"十八字交通方针"为首要任务，以群众性精神文明创建活动为载体，全面提升行业精神文明建设水平。公司加大反腐倡廉力度，选举成立了公司纪委，为公司运营提供坚强政治保证。公司全年按期转正 12 名预备党员，发展 9 名预备党员，被授予"河北省文明单位""河北省青年文明号""邢台市文明单位""先进基层党组织"等荣誉称号，邢衡三标被评为市级青年文明号，2 个团支部被评为五四红旗团支部，10 名同志被评为优秀共产党员，1 名同志被评为河北省优秀共青团员，3 名同志被评为市级青年岗位能手，2 名同志被评为优秀团务工作者，8 名同志被评为优秀团员。通过扎实开展党建、团建工作，公司的凝聚力、战斗力得到显著提高。

◎ 2013 年 ◎

2013 年，公司党委全面加强队伍建设和党建工作，组织广大干部职工认真学习宣传贯彻党的十八大精神，开展"解放思想"大讨论活动以及"四新"交通人主题教育等活动，切实把广大党员干部群众的思想和行动统一到河北省委、邢台市委的决策部署上来。公司全年共有 7 名年轻一线技术、管理人员光荣入党，9 名预备党员如期转正。

◎ 2014 年 ◎

2014 年，公司党委扎实开展党的群众路线教育实践活动，围绕"四风"主题，认真完成了学习教育、征求意见，查摆问题、开展批评和整改落实、建章立制三个环节的各项任务，思想政治工作跃上新台阶。公司积极开展主题党日活动，精心组织下属 11 个党支部结合自身工作实际开展主题活动，激励广大党员干部坚定理想信念，为邢台路桥科学发展作出新贡献。公司全年共有 9 名预备党员如期转正，党的队伍充实了新鲜力量。

◎ 2015 年 ◎

2015 年，公司党建卓有成效，扎实开展"三严三实"专题教育，完成了学习研讨、征求意见、对照检查、民主生活会各项规定动作。公司积极开展党的队伍建设，如期转正预备党员 9 名，发展预备党员 12 名，确定入党积极分子 15 名，充实了公司党的队伍建设。公司党委、工会组织职工法律知识竞赛、红歌赛等各类活动，丰富职工业余生活，队伍凝聚力不断加强。

◎ 2016 年 ◎

2016 年，公司党委扎实开展"两学一做"学习教育，公司风气和工作氛围得到好转。公司成功召开了党代会与职代会，选举产生了新一届党委和纪委，为下一步发展指明了方向。公司全年如期转正预备党员 12 名，发展预备党员 10 名，确定入党积极分子 18 名。公司职代会选举产生了新一届工会委员会、经费审核委员会和女工委员会，为开展工会工作奠定了基础。公司企业文化建设效果初显，网站、微信公众号信息的更新频率和水平明显提高，多篇文章点击率过千，引发了广泛共鸣。公司各类文体活动丰富多彩，队伍凝聚力不断加强。

◎ 2017 年 ◎

2017 年，公司党委全面加强党风廉政建设和企业文化建设，各级党组织认真学习宣传贯彻落实党的十九大精神，使其内化于心、外化于行，扎实开展了"走新路、有作

为、创亮点、守底线"解放思想大讨论活动及"小马扎"宣讲等活动，全体党员干部的思想政治觉悟和业务水平得到了较大提高。公司企业文化建设内外结合，开展形式多样的宣传活动，《邢台路桥铸辉煌》登上央视的《筑梦中国》节目，《高原婚礼》《舌尖上的路桥》等文章引起强烈反响，路桥文化得到了很好的彰显。

◎ 2018 年 ◎

2018 年，公司党委进一步健全基层党组织结构，出台了《加强党的基层组织建设的实施方案》。公司党委下辖 1 个党总支、15 个常设党支部、3 个新建临时党支部、1 个直属党小组，构建了全面覆盖、点多面广的基层党组织框架，各级党组织的堡垒作用进一步提升，战斗力明显加强。全年，14 名同志成为预备党员，16 名预备党员如期转正，党的队伍充实了新鲜力量。公司继续加强宣传力度，以微信公众号、钉钉群打造企业文化宣传新阵地，先后开展了《最美路桥人》《高端访谈》等宣传活动。《邢台日报》头版刊发《建设环城"新纽带"构建发展新格局》，对邢台环城公路进行了纪实报道。《邢台日报》特刊以《大道行远铸辉煌》，深刻描绘了邢台路桥事业的蓬勃发展之路。

◎ 2019 年 ◎

2019 年，公司党委认真开展"不忘初心、牢记使命"主题教育，成立 6 个主题教育巡回指导组，到各党支部监督、指导主题教育，有效深化主题教育效果。公司完善基层党组织建设，新建党支部 2 个，完成换届党支部 11 个，全年发展党员 14 人。公司加强企业宣传力度，持续报道《决胜迁曹》系列，展示了邢台路桥人坚韧不拔的意志，弘扬了路桥精神。公司工会、团委积极组织开展了路桥首届员工辩论赛等丰富多彩的职工文体活动，丰富了员工业余生活，增强了团队凝聚力。

◎ 2020 年 ◎

2020 年，公司加强党建引领、业务协同，为改革改制和经营发展奠定了坚实基础。公司全年开展"周一夜学"41 次，教育引导广大党员干部职工用习近平新时代中国特色社会主义思想武装头脑、指导工作、推动实践。公司抓好基层党组织建设，筑牢战斗堡垒，合并成立党支部 1 个，新建党支部 1 个，完成党支部补选缺额支委工作 3 个，发展预备党员 11 名，预备期届满转正党员 14 名。为保障职工合法权益，公司五届六次职工代表大会表决通过了公司《转企改制实施方案》，保证了职工民主管理、民主监督的权利。公司内宣以公众号、钉钉群、抖音作为平台，打造企业文化宣传新阵地，发稿质量、数量明显提高，《邢台路桥保护益鸟崖沙燕》被新华社等多家国家级媒体报道，点击量超过 4500 万，引起强烈社会反响。凭借良好的业界口碑与优异的文明创建成绩，公司被交通运输部授予"全国交通运输行业精神文明单位"称号；被国家税务总局河北地区评选为 A 级纳税信用企业评级，并获河北省会计工作先进集体称号。

2021 年

2021 年，公司党建工作以"庆祝中国共产党成立 100 周年"为主线，深入开展党史学习教育，认真学习习近平总书记"七一"重要讲话、学习贯彻邢台市第十次党代会和两会精神等内容，为高质量发展提供政治保障。公司全年新建项目临时联合党支部 2 个，培养入党积极分子 14 名，发展预备党员 19 名，预备期届满转正党员 11 名，被市委、市政府评为"邢台市文明单位"。公司召开职工代表大会，表决通过《2020 年度公司工作报告》《职工安置方案》等议案，保障职工合法权益。公司潜心推进文化建设，微信公众号在邢台市综合评比中获非民生类企业第一名，并荣获河北省"国企影响力·十佳账号"。

2022 年

2022 年，公司党建工作以迎接、学习、宣传、贯彻党的二十大为主线，全面加强党的建设，打造坚强有力的党组织体系，成功召开第三次党代会，顺利选举集团新一届党委和纪委领导班子，如期换届党支部 15 个，新建党支部 1 个。公司坚持与党委理论学习中心组、"三会一课"等党内生活充分结合，深入学习贯彻习近平新时代中国特色社会主义思想和党的二十大精神。公司全年发展预备党员 8 名，预备党员转正 19 名，切实提升党员发展质量。公司发挥工会工作职能，成功召开第六届工会会员代表大会，创建"谷宝琢""焦习龙"2 个创新工作室，组织举办第五届"最美路桥人"评选、颁奖典礼等多项活动。公司企业文化建设阔步向前，在中央、河北省、邢台市级媒体刊发近 60 篇稿件，荣获全国交通系统文化建设优秀单位、中华全国总工会"2022 年职工书屋示范点"等国家级荣誉，路桥铁军形象更加鲜亮。

第二节　组织架构

◎ 1996 年 ◎

1月,邢台市机构编制委员会办公室印发《关于成立邢台路桥建设总公司的通知》（邢机编办字〔1996〕1号），经市委常委会决议，同意邢台市公路工程一队与邢台市公路工程二队合并，设立邢台路桥建设总公司（以下简称"公司"）。

12月，邢台市机构编制委员会办公室印发《关于市路桥建设总公司内设机构及下属单位设置批复》（邢机编办字〔1996〕52号），内设办公室、计划财务科、工程科、科学技术科、设备科等部门，下属单位由原来的市公路工程一处、二处改为"邢台路桥建设总公司工程一处""邢台路桥建设总公司工程二处"，实行企业化管理。

◎ 1997 年 ◎

5月，公司印发邢路〔1997〕18号文件，成立邢台路桥建设总公司基建办公室。

◎ 1998 年 ◎

2月，邢台市机构编制委员会办公室印发《关于路桥建设总公司增设总经济师、总工程师、总会计师的批复》（邢机编办字〔1998〕12号），同意增设总工程师、总会计师、总经济师各1名。

2月，邢台市交通局印发《关于路桥建设总公司内设机构、下属单位设置和管理模式的通知》（〔1998〕36号），确定邢台市路桥建设总公司内设机构、下属单位设置和经营管理模式。邢台市路桥建设总公司实行企业化管理，内部机构设置机关为四科一室：办公室、计划财务科、工程科、科学技术科、设备科，定编30人；下设七处一站：邢台市路桥建设总公司工程一处、邢台市路桥建设总公司工程二处、邢台市路桥建设总公司工程三处、邢台市路桥建设总公司工程四处、邢台市路桥建设总公司工程五处、邢台市路桥建设总公司工程六处、邢台市路桥建设总公司物业管理处、邢台市路桥建设总公司机械运输管理站。邢台市路桥建设总公司以"邢台路桥建设总公司"的名义对外经营，按照国家有关规定申报领取营业执照和施工资质证书，根据施工资格证书的经营范围进行相应的工程施工。

2月，公司印发邢路〔1998〕09号文件，成立邢台路桥建设总公司物业公司。

◎ 2003 年 ◎

2月，公司印发邢路〔2003〕19号文件，成立邢台路桥建设总公司油料供应科。

2月，公司印发邢路〔2003〕18号文件，成立邢台路桥建设总公司沥青供应科。

2月，公司印发邢路〔2003〕20号文件，设立邢台路桥建设总公司机械运输管理站。

◎ 2006 年 ◎

12月，公司印发〔2006〕60号文件，为增强公司的市场竞争力，推进新技术研发和应用各项工作，决定设立邢台路桥建设总公司企业技术中心。

◎ 2009 年 ◎

2月，公司印发邢路〔2009〕8号文件，成立邢台路桥建设总公司七里河小件预制厂。

4月，公司印发邢路〔2009〕35号文件，成立七里河污水处理工程管理处。

◎ 2010 年 ◎

12月，邢台市机构编制委员会办公室印发《关于市路桥建设总公司增设内下设机构的批复》（邢机编办字〔2010〕124号），同意公司增设5个内设机构：审计科、安全科、人力资源科、开发经营科、技术中心；同意增设2个下属事业单位：邢台市路桥建设总公司工程五处和邢台市路桥建设总公司物资供应处，实行企业化管理。

◎ 2012 年 ◎

8月，邢台市机构编制委员会办公室印发《关于市邢台路桥总公司机构编制方案的通知》（邢机编办字〔2012〕122号），明确公司业务范围：根据资质条件承揽道路、桥梁建设、维修等工程项目并组织施工；开展道路桥梁应急抢修、战时桥梁架设等工程建设活动；承担市交通运输局交办的其他相关工作。公司内设10个机构：办公室、计划财务科、审计科、人力资源科、工程科、科技科、设备科、安全科、开发经营科、技术中心；下设7个机构：工程一处、工程二处、工程三处、工程四处、工程五处、机械管理处、物资供应处。

◎ 2013 年 ◎

11月，公司成立桥梁构件有限责任公司，致力于为客户提供优良的产品、技术支持以及健全的售后服务，主要经营桥梁钢结构、混凝土构件、桥面预制板、防撞护栏、隔离栏栅、路缘石、公路排水沟预制件及钢筋混凝土管件的制造、加工、施工、安装、修复和加固（凭有效资质证经营），公路工程建设、公路管理与养护、工程绿化、公路桥梁的技术咨询、商品混凝土生产、销售及水泥混凝土路面施工。

◎ 2015 年 ◎

5月，公司印发邢路〔2015〕25号文件，合理设置了总公司及分公司部门和人员编制，明确职责，提高效率。总公司机关设13个科室：综合办公室、行政科（与办公室合署办公）、计财科、融资办（与计财科合署办公）、人力资源科、工程管理科、开发经营科、审计科、安全生产科、科技科、设备科、监察室、中心试验室，并对一至五工程公司、机运公司、物资供应公司、八公司、工程技术管理咨询公司、桥梁集团、七里河建管处、交通设施厂、物业公司等13家分公司部门和人员，以及项目经理部高层管理人员进行了编制。

9月，公司印发邢路〔2015〕46号文件，以千山桥梁构件有限公司、交通设施有限公司涉及桥梁产品、钢结构业务和新固基础公司的钢桥安装业务合并成立邢台路桥钢结构公司；调整引桥构件厂（南宫）业务方向，更名为邢台路桥水泥制品和新型建筑材料公司；以交通设施公司原有业务为基础，组织成立邢台路桥园林绿化公司和邢台路桥灯具公司；原八公司更名为邢台路桥交安工程公司。

9月28日，公司成立邢台路桥水利工程公司承揽水利工程等施工任务，申报水利工程相关资质，逐步开展水利工程业务。

10月12日，公司成立邢台路桥市政工程公司，以市政工程建设为主，兼顾道路工程施工。

10月14日，公司成立水泥制品和新型建筑材料公司。11月10日，公司成立照明科技公司。

11月17日，公司成立园林绿化公司。

◎ 2016 年 ◎

3月8日，公司决定在西藏成立全资子公司——西藏燕赵建设工程有限公司。

◎ 2017 年 ◎

2月3日，为加强公司法律事务工作，提高法律事务工作水平，防范运营中潜在的法律风险，公司成立邢台路桥建设总公司法制科。

2月8日，公司印发邢路〔2017〕5号文件，成立邢台路桥锦江运营管理公司。

2月10日，邢台市机构编制委员会办公室印发《关于调整市路桥建设总公司科级领导职数的批复》（邢机编办字〔2017〕16号），调整为核销总经济师1名，增核副经理1名。

5月5日，公司印发邢路〔2017〕44号文件，根据公司经营发展需要，将照明科技公司、园林绿化公司、市政公司、交安公司及物业公司业务进行整合，交安公司业务并入工程四公司，由工程四公司负责交安资质的维护。

公司住宅小区"三供一业"（供水、供电、供热和物业管理）业务，在按照相关政策分离移交社会专业物业管理机构之前，交由房地产物业公司代为管理。办公区物业及设施、基建项目等由总公司办公室（行政科）负责管理。

◎ 2018 年 ◎

1月11日，公司印发邢路〔2018〕2号文件，为优化干部队伍，在全公司范围内就总公司部分部门负责人和部室关键岗位，公开竞聘战略发展部部长、经营预算部部长、物资设备部部长、人力资源部副部长、技术部部长、风控法务部部长。

1月15日，公司印发邢路〔2018〕3号文件，为做好总公司部门负责人竞聘上岗工作，实现公平、公正、公开选拔人才，决定成立竞聘工作领导小组。

1月31日，公司印发邢路〔2018〕8号文件，为建立现代企业管理体系，公司在对业务流程进行梳理的基础上，对管理架构进行了优化设置。同时，对公司管理层的工作分工进行了调整，总公司管理部室重新组建，并通过公开竞聘选出部分机关部室负责人。

2月，为实现公司管理体系的科学化，公司成立战略发展部。

9月3日，公司印发邢路〔2018〕88号文件，根据公司经营与管理需要，结合部室负责人考评结果，决定解聘马云飞同志投资项目管理部部长职务、王习哲同志战略发展部和综合管理部部长职务、李亮同志审计部部长职务、王菲同志经营预算部部长职务，聘任王彦辉为工程管理部和经营预算部部长、李亮为人力资源部和战略发展部部长、司魁为风控法务部和综合管理部部长、马朝阳为监察部和审计部部长、王菲为投资项目管理部部长、马云飞为机运公司常务副经理。

◎ 2019 年 ◎

4月9日，公司印发邢路〔2019〕38号文件，为加强对路桥大厦项目建设工作的组织领导，确保路桥大厦建设顺利实施，决定成立路桥大厦项目管理公司，任命宋涛同志为临时负责人。该公司按照程序进行市场化运作，负责路桥大厦的筹建、运营等相关工作。

5月，公司印发邢路〔2019〕50号文件，为适应业务发展需要，实现战略规划发展目标，成立邢台路桥建设总公司建筑施工公司（以下简称"建筑施工公司"），任命王庆杰同志为该公司经理，负责建筑施工公司的筹建、运营等相关工作；同时将漯河直属项目部整体转至建筑施工公司，漯河直属项目部各项工作由建筑施工公司负责。

5月27日，经总公司董事会提议，公司决定控股河北航东建设工程有限公司。该公司拥有建筑工程施工总承包壹级和钢结构工程专业承包壹级施工资质，与公司当时的业务内容和市场开发、业务拓展形成互补，同意建筑施工公司所提，控股河北航东建设工程有限公司，由建筑施工公司负责该公司重组各项工作。

10月，公司印发邢路〔2019〕84号文件，为建立现代企业管理体系，启动了"新阶段组织架构评估优化"项目，对管理架构进行优化。同时，对公司管理层工作分工进行调整，并聘任马超祥为市场开发部部长、王彦辉为工程管理部部长、陶桂锋为安全生产部部长、苏立超为科技部部长、李立国为人力资源部部长、司魁为综合管理部（党群工作部）部长、李运强为财务融资部部长、李亮为战略发展部部长、马朝阳为监察审计部部长、米海丽为PPP项目事业部常务副总经理、屈江锋为PPP项目事业部副总经理、王菲为PPP项目事业部副总经理、陈朝军为国有资产管理委员会办公室主任、邢密彩为员工培训教育中心主任、霍玉娴为专家委员会主任、刘杰为科技部副部长、张立江为安全生产部副部长。

10月8日，为适应经营战略发展需要，公司决定增加中心试验室的职能，将"邢台路桥总公司中心试验室"名称变更为"邢台路桥总公司技术检测中心"。

2020 年

3月19日，经公司董事会研究决议、总公司部署，公司决定由宏信昌公司作为物资采购平台的运营主体，进一步拓展外部市场。

3月25日，公司印发邢路〔2020〕10号文件，为适应业务发展需要，实现战略规划发展目标，推动多元化持续发展，决定成立邢台路桥建设总公司城建分公司。同时，将迁曹高速公路直属项目部整体转为城建分公司，其各项工作由城建分公司负责。

3月31日，邢台市交通运输局批复公司的邢路〔2020〕5号文件，邢台路桥建设总公司因经营需要，申请成立河北旭庭房地产开发有限公司，为下属全资子公司。

4月1日，公司印发邢路〔2020〕10号文件，为激发组织潜能，抓住钢结构产业发展机遇，决定由工程四公司对千山公司进行实质性整合。

12月8日，公司印发邢路〔2020〕107号文件，为顺利实施河北雄安北部郊野公园邢台展园项目，决定成立河北雄安北部郊野公园邢台展园项目筹建处，任命焦习龙为筹建处负责人，负责筹建处组建，项目前期手续的办理，设计、监理、施工、咨询等参建单位的委托，资金筹措，项目建设等全面管理工作。PPP项目事业部负责该项目的监督、管理工作。

2021 年

3月27日，公司印发邢路〔2021〕22号文件，对河北襄锦信息科技有限公司营业执照范围进行变更，调整增加了公司业务。

4月28日，公司印发邢路〔2021〕39号文件，为了实现公司项目投资业务的独立经营、自主融资、自负盈亏，打造公司新的投融资平台，加强对投资项目的经营管理，决定成立邢台路桥建设总公司投资运营公司，PPP项目事业部整体变更为邢台路桥建设总公司投资运营公司。

6月30日，经邢台市国资委批复同意，"邢台路桥建设总公司"由全民所有制企业整体改制为国有独资公司，企业名称由"邢台路桥建设总公司"变更为"邢台路桥建设集团有限公司"，完成事业单位转企改制工作后，整体并入邢台市交通建设集团改为国有全资企业。同时公司还设立董事会和监事会，进一步健全完善国有企业法人治理结构。

11月，为规范和有序开展董事会、监事会工作，公司决定成立董事会办公室和监事会办公室。董事会办公室设在综合管理部，与综合管理部合署办公；监事会办公室设在监察审计部，与监察审计部合署办公。

◎ 2022 年 ◎

5月，公司印发邢路〔2022〕69号文件，结合集团发展需要，对集团总部组织架构、部室职责和岗位编制上限进行调整和优化，共设置市场开发部、工程管理部、质量技术部、企业技术中心、经营管理部、安全生产部、企业管理部、人力资源部、综合管理部、工会、财务融资部、审计部、监察部等13个部室。

8月，公司接收邢交建党〔2022〕41号文件，经交建集团党委会研究决定，对公司相关部门负责人进行了任免，王彦辉任地产事业部总经理，河北旭庭房地产开发有限公司执行董事、总经理；王朝辉任地产事业部常务副总经理，河北旭庭房地产开发有限公司常务副总经理；马超祥任市场开发部部长；李朝军任经营管理部部长；王清波任企业管理部部长，免去其战略发展部副部长职务；张立江任邢台路桥建设集团有限公司安全生产部副部长；张新娟任人力资源部副部长，免去其人力资源部临时负责人职务；王志任综合管理部副部长，免去其综合管理部临时负责人职务；赫庆径任财务融资部副部长，免去其财务融资部临时负责人职务；张顺利任监察部副部长，免去其监察部临时负责人职务；邵芳任审计部副部长，免去其审计部临时负责人职务；宋涛任地产事业部副总经理、河北旭庭房地产开发有限公司副总经理；李仲扬任地产事业部副总经理、河北旭庭房地产开发有限公司副总经理。

9月，公司印发邢路〔2022〕101号文件，为统筹管理集团土地储备、挂牌交易、房地产开发营销等工作，设立邢台路桥建设集团有限公司地产事业部。

第三节 主 要 业 绩

◎ 1993 年 ◎

8月，公司承建河南省三门峡310国道A4标段，建设里程23.5千米，投资4652万元，于1995年12月15日完工。这是公司第一个投资上千万的单项工程，也是公司走出河北省的第一个项目。

1994 年

5月，公司承建石太高速公路七合同，建设里程3千米，设大桥1座、分离立交桥2座、小桥1座、通道2道、服务区1处，合同价2047万元，工期自1994年5月1日至1995年4月20日。

7月，公司承建石太高速公路G合同，双幅四车道高速公路，合同价4080.7万元，工期自1994年7月1日至1995年8月14日，项目经理张靖。

8月，公司承建石安高速公路E合同，建设里程10千米，合同价8608万元，工期自1994年8月30日至1997年12月30日，项目经理许详顺。

1995 年

3月，公司承建褡石线一级公路，建设里程18.3千米，合同价3684万元，工期自1995年3月15日至1996年10月30日，项目经理陈英军。

1996 年

2月，公司承建107复线永年至东庞路口段平原微丘二级公路，工期自1996年2月5日至10月10日。

3月，公司承建308线清河段油面工程平原微丘二级公路，工期自1996年3月10日至11月20日。

9月，公司承建石安高速公路连接线O-F合同，建设里程23千米，一级公路，合同价4718万元，工期自1996年9月15日至1997年10月30日。

10月，公司承建308线宁晋段平原微丘二级公路，工期自1996年10月1日至1997年7月26日。

11月，公司承建邢都公路十里亭至朱金紫段，建设里程22千米，一级公路，合同价5028万元，工期自1996年11月20日至1997年11月10日。

1997 年

3月，公司承建邢都公路沙河段一级公路，建设里程23.5千米，合同价6555万元，工期自1997年3月1日至11月30日。

7月，公司承建石安高速公路连接线，建设里程11.404千米，其中一级公路7.6千米，二级公路3.8千米，合同价1975.19万元，项目经理石晨英。

◎ 1998年 ◎

5月，公司承建宣大高速一期8B1-c合同，建设里程4.8千米，合同价1858万元，工期自1998年5月至1999年11月，项目经理张贺府。该项目在宣大高速公路管理处组织的1998年第一、第二次工程质量联查中分别获质量优胜单位第一、第三名。

8月，公司承建京沪高速公路路面工程五合同，建设里程6.98千米，双向四车道，合同价7189.1万元，项目经理李殿双。

8月，公司承建唐津高速二期工程九合同，建设里程12.5千米，合同价4604.2万元，项目经理郑义坤。

◎ 1999年 ◎

6月，公司承建宣大高速二期LM7合同，建设里程19.2千米，为全封闭全立交高速公路，双向四车道，合同价9349万元，项目经理张贺府。

12月，公司的承建宣大高速一期8B1-c合同，在宣大高速公路管理处获1999年度上半年度工程质量先进单位第三名，1999年度下半年度工程质量先进单位路基桥涵组第二名。

◎ 2000年 ◎

7月，公司承建宿迁市国道205沭阳县改造工程B标段，建设里程29.7千米，为二级公路，路基宽16米，路面宽12米，合同价2208.98万元，项目经理郑义坤。该项目是公司进入江苏市场的开篇之作，得到了宿迁市交通局的高度认可，为后来继续扩展江苏市场打下了良好的基础。

◎ 2001年 ◎

3月，公司承建宿迁市宿新公路北段BD标段，建设里程10千米，为一级公路，路基宽25.5米。该项目是连接江苏（宿迁）和山东（临沂）的重要通道，合同价1587.22万元，项目经理郑义坤。

4月，公司承建津蓟高速公路十一合同，建设里程8.18千米，立交桥1处，大桥

1座，分离立交桥1座，中桥4座，小桥8座，箱涵2道，管涵12道，合同价1.09元，该项目荣获2002年度天津市建设工程"海河杯"市优工程和2004年国家优质工程银质奖。

2002年

3月，公司承建省道304宿迁至沭阳段一级公路E标段，建设里程6.96千米，为一级公路，设大中桥4座，合同价4236.34万元，项目经理郑义坤。该项目是连接宿迁和沭阳的重要通道，建成后彻底改善了宿迁市落后的交通状况。

3月，公司承建西宁市南绕城快速路湟水河大桥二标段，位于西宁市兴海路至祁连路，桥梁全长338.8米，宽25.5米，路灯26盏，合同价1498.84万元，项目经理张靖。该项目被评为2004年度青海省建筑工程"江河源"杯奖（省优质工程），公司被评为西宁市人民政府南绕城快速路暨两路两桥建设先进单位。

6月，公司承建平涉线庙花岭桥，位于平涉线邢台段郝庄村西，原为20世纪70年代所修的漫水桥，改建后的新桥为空心板桥。桥梁全长104.04米，宽10米，工期自2002年6月至10月，合同价196.6万元，项目经理季广军。

2003年

1月，公司承建西宁南北过境公路A合同，位于湟水河大桥终点至南绕城立交起点以北290米，工期自2003年1月1日至2005年5月30日，合同价4258万元，项目经理王建平、路旭。该项目在2004年西宁市城乡规划建设局组织的建设工程质量及安全文明施工检查中受到通报表扬。全市受检工程212个，该工程是6个受表扬的工程中唯一的市政工程。因该标段施工速度快、质量好，先后由建设单位指定或协调将其他4个标段的部分工程移交我公司施工。

4月，公司承建沈大高速公路改扩建工程第四合同，建设里程30.104千米，为双向八车道高速公路，合同价2.13亿元，项目经理李殿双、李利华。沈大高速公路是我国修建最早的一条高速公路，有"神州第一路"的美称，此次双向八车道改扩建工程，在全国高速公路中属于首例。在全线十一家施工单位中，公司中标承建的沈大高速公路四合同连续多个季度获得综合管理全线第一、施工进度全线第一的好成绩。该项目荣获2008年度国家优质工程金质奖、公路交通优质工程一等奖。

◎ 2004 年 ◎

3月，公司承建国道107线沙河市太城区改线工程（12.178千米），工期9个月，项目经理霍朋钦。

3月，公司承建邢峰线沙河特大桥，桥梁建设里程785米，工期自2004年3月1日至11月30日，合同价1668万元，项目经理吕世玺。

5月，公司承建隆昔线B标，建设里程18.95千米，合同价2700万元，项目经理李栋材。

6月，公司承建邢威高速南澧河特大桥，项目经理季广军。

6月，公司承建南石线，建设里程14.5千米，工期自2004年5月23日至10月23日，合同价1119.35万元，项目经理马焱。

6月，公司承建邢临高速七合同，建设里程10千米，位于临西县吕寨乡，童吕线南行400米东侧，工期自2004年6月至2005年10月，合同价1.89亿元，项目经理连书维。

6月，公司承建邢峰线A合同沙河大桥至朱金紫段，建设里程14.36千米，合同价3318.04万元，项目经理杜海强。

◎ 2005 年 ◎

8月，公司投资建设邢台市七里河综合治理工程，总长17.8千米，规划治理范围40平方千米，辐射区域面积58.8平方千米，相当于当时邢台已有的建成区域，基础设施投资约80亿元，开发投资超过300亿元。

七里河综合治理工程是跨年度工程，"十一五"期间重点建设工程，更是一项利市、利民的民心工程。该项目是公司作为项目业主投资建设的第一个大型水利、城市建设、生态建设综合项目，采用"自主融资投资、自主建设施工、自主经营管理、自负盈亏"的模式开发建设，坚持堤、林、路、桥、水综合整治的原则，重点解决了城市防洪和生态环境问题，主要内容包括河道整治、城市路网、园林绿化、文化生态等。

目前，七里河景区已成为华北地区集生态旅游、休闲度假、商住多用的综合性高品位区域，提升了邢台市的城市形象。该项目先后获得2011年河北省人居环境范例奖、2012年中国人居环境范例奖，入选2014年河北省第二批水利风景区、2015年国家第十五批水利风景区等。其中"中国人居环境范例奖"是全国人居环境建设领域的最高荣誉，七里河综合治理工程成为河北省唯一获此殊荣的项目。

◎ 2006 年 ◎

6月，公司承建七里河区域综合治理工程二合同，建设里程4.7千米，西起七里河京广铁路桥，东至后楼下村水泥路，包括河道土方开挖及填筑、河道生态护岸工程、河道堤防工程、沿河水环境等工程，工程总造价2.24亿元，项目经理李建国。

12月，公司承建津汕高速公路天津段九合同，建设里程4.4千米，双向六车道，设互通式立交1座、中桥1座、圆管涵10道，合同价1.51亿元，项目经理孙进省。津汕高速公路天津段工程是交通部规划的国家重点公路建设中纵向主干线之一津汕高速公路（天津—汕尾）的组成部分，被交通部确定为创建"示范工程"。

◎ 2007 年 ◎

5月，公司承建七里河新区管委会办公楼房地产开发项目，是邢台路桥房地产公司成立后完成的第一个开发项目。

5月，公司承建邢台市七里河综合治理一合同，建设里程3.61千米，西起后楼下村水泥路，东至京珠高速公路东大贤桥，包括道路、排水和照明工程，合同价1.42亿元。

◎ 2008 年 ◎

12月，公司承建大广高速深州至大名（冀豫段）河北段，该线路起于衡水深州市，止于邯郸大名高庄（冀豫界），建设里程约220千米。起点至邓家庄采用双向八车道一级高速公路标准建设，其余道路采用双向六车道。物资供应公司于2008年中标该段线路，为该段建设供应沥青。沥青合同价约1亿元，该路段连接东北、华北、华中与华南，是东北和华北连接的第三通道，也是京港澳高速的辅助通道，对构建完善的路网布局起到重要作用。

◎ 2009 年 ◎

8月，公司承建阳光水岸住宅小区房地产开发项目，建筑面积20万平方米，投资额4.5亿元，被列入2009年邢台市重点建设工程项目。

10月，公司承建锦江不夜城商业综合体开发项目，建筑面积12万平方米，投资额4.8亿元，被列入2009年邢台市重点建设工程项目，为华北地区最大的滨水商业综合体。

11月,公司承建西宁市海湖新区海晏路二期桥梁工程,合同价7093万元,项目经理路旭、王彦辉。该项目是公司当时中标承建最大的市政桥梁工程。

2009年,公司承建邢台市七里河污水处理厂,该厂是公司建设调试的第一座污水处理厂,处理能力5万吨/日,投资约9000万元。

◎ 2010年 ◎

3月,公司承建邢汾高速公路连接线西环一合同,起点邢台县王村西,与邢汾高速公路羊范互通相连,终点南尹郭村东。项目路基宽度26米,路面宽度25.4米,合同价8650.79万元,项目经理李国群。邢汾高速连接线西环项目是邢台市规划的"一城五星"重点工程,促进了邢台市经济社会的快速、协调、可持续发展。

◎ 2011年 ◎

4月,公司承建西柏坡高速公路二环路至霍寨段项目路基、路面、桥涵施工招标S4合同段,工期从2011年4月至2012年5月,总投资2.16亿元,项目经理李立国。西柏坡高速公路S4合同是全线的重要节点工程,主桥长200米,设计采用悬臂施工变截面预应力混凝土连续箱梁结构上跨南水北调主干渠,施工工艺为挂篮施工,在公司史上属于首次,同时进行挂篮悬浇,在河北省高速公路建设史上也是第一次。

5月,公司承建邢衡高速公路邢台段路基、桥梁工程施工LJSG-3标段,采用双向四车道高速公路设计标准,合同价7.83亿元,项目经理徐广泽。该项目为南水北调大桥大跨度波形钢腹板变截面连续现浇箱梁,在国内高速公路建设中尚属首例,通过采用新材料和新技术,加快了施工进度,节约了工程资金,有力响应了当时绿色环保节能减排的国家政策。

◎ 2012年 ◎

3月,公司承建河北省石家庄至磁县(冀豫界)公路改扩建工程路基桥涵、路面工程施工招标KJ-6标段,项目起自石家庄市藁城彭家庄,止于邯郸市临漳县芝村,与河南省已完成改扩建的京港澳高速公路安阳至新乡段相接,建设里程209.8千米,采用双向八车道高速公路标准建设,全线新建及改扩建互通立交24座、收费站17处、服务区7处,建设互通立交连接线11条,合同价6.18亿元,项目经理武伟。该工程属于河北省石安高速公路,是国道京港澳高速公路(G4)的一部分,国家着力建设的"五纵七横"高等级公路主骨架的主要组成部分，首都连接东南部省市的大动脉，同时也是河北省南部的重要经济干线，并凭借优异的工程质量，获得国家公路建设最高质量奖2016-2017年度"李春奖"，历经十年，再次获得国家级公路建设大奖。

5月，公司承建佳洲美地住宅小区房地产开发项目，建筑面积34.4万平方米，工期9年，分5期开发，投资额13亿元。该项目取得国家绿色建筑标志认可。

6月，公司承建新河县和谐路建设工程，建设里程6.65千米，合同价5941.22万元，项目经理张路锋。该项目克服了缺乏技术指标依据、专用机械设备、拌和楼和原材料等困难，在施工中成功应用了多孔改性水泥混凝土复合沥青排水路面新技术，新河县交通运输局对该项技术的实施给予了高度评价。

12月，公司承建河北省张承高速公路崇礼至张承界段主体土建工程E标，建设里程12.6千米，设大桥1座、中桥6座、小桥7座、分离立交1座等工程，工期自2012年12月至2015年7月，投资4.35亿元，项目经理李立国。张承高速公路是河北省高速公路布局规划"五纵六横七条线"的重要组成部分，张家口市高速公路网规划"二横三纵五线"中"第三纵"的重要组成部分，同时也是北京外围高速大环线的重要路段。

◎ 2013年 ◎

4月，公司承建大广高速深州至大名段分离式立交桥，跨径组合为20+4×25+20米，其钢梁结构采用新型波形钢腹板-FRP桥面板组合结构，钢梁为钢箱叠合梁波形钢腹板结构，桥面板采用FRP玻璃钢材料，是我国第一座基于GFRP桥面板的组合结构公路桥。

6月，公司承建邢台市中兴大街跨南水北调景观桥，位于中兴西大街、滨江路与南水北调中线总干渠交叉处。桥梁总长139.96米，塔高52米，为双塔双索面斜拉桥，是贯穿邢台东西通道的主要桥梁。

6月，公司承建邢衡高速邢台段LM-2合同，建设里程18.16千米，设互通立交3处、服务区1处、特大桥1座、大桥3座，投资3.315亿，项目经理李恒达。在河北省质量安全监督站对邢衡高速邢台段进行的综合大检查中，该项目综合评分为第一名。

◎ 2014年 ◎

4月，公司承建石安高速西鸭池桥，位于青兰高速互通立交南侧，下部结构桥台采用桩柱式桥台，桥墩采用柱式墩，跨径布置为四孔连续梁，长度114米，宽度12.75

米。该桥是建设标段唯一一座跨高速天桥，也是邢台段唯一的一座预应力钢混结构桥。

4月，公司承建邢衡高速公路衡水段一期工程（枣园至柳林庄互通段）路面工程XH-LQ3标段，建设里程18.68千米，工期自2014年4月16日至11月30日，合同价2.9亿元，项目经理李建国。该项目应用多孔改性混凝土基层专利技术，在邢衡高速公路衡水段路面工程中，以"不可替代的专利技术"免去投标环节直接定标。

5月，公司承建京石高速保定北互通匝道桥，位于京港澳高速公路改扩建保定北互通A匝道桥上跨保定市七一路，全桥共4联，长286米，宽19.5米。该桥主梁结构使用公司专利技术，采用了耐候结构钢、聚合物界面连接喷涂胶、聚合物纤维水泥混凝土等新材料。该桥以快速拼装建设，具有结构稳固可靠、寿命周期长、维护费用低、重建回收价值利用率高等优点，推进了我国中小跨度桥梁上部结构朝轻型化方向发展。

9月，公司承建京港澳高速柏乡服务区人行天桥，位于京港澳高速石家庄至磁县（冀豫界）柏乡服务区内，主梁上部结构采用两跨简支波形钢腹板-钢管混凝土弦杆组合梁结构体系，桥梁单孔跨径29.35米，是国内首座波形钢腹板-钢管混凝土组合梁桥。

◎ 2015 年 ◎

5月，公司承建安徽省六安市舒城县S317舒五路升级改造工程第四标段，建设里程13.77千米，合同价3.44亿元，项目经理杜海强。该项目路面采用了多孔改性水泥混凝土基层复合沥青路面新技术，将公司新技术应用到工程建设中。借助S317项目积累的良好口碑，以及S317项目部团队的实干形象，公司又中标了舒城县G105（五显段）改建工程项目，为公司继续开拓安徽市场奠定了坚实基础。

9月，公司承建迁曹高速（二期）公路京哈高速至沿海高速一合同段，项目起于迁安市沙河驿镇，止于滦县滦南界，建设里程29.5千米，为双向六车道高速公路，合同价30亿元，为经营性高速公路建设项目，项目经理邢照辉。该项目是河北省"十二五"高速公路路网规划的"五纵、六横、七条线"的一纵，为京津冀交通一体化交通建设的重要项目。

12月，公司承建漯河市城乡一体化示范区牡丹江路沙河大桥建设项目，建设里程980米，包括西岸引桥及接线部分、跨沙河景观主桥和东岸引桥及连接线等三部分内容，投资1.8亿元，项目经理达炜。该项目为漯河市当之无愧的"网红桥"。

◎ 2016 年 ◎

1月，公司承建大广高速公路铁山下陆连接线，采用双向四车道，按照一级公路标准设计，合同价4829万元，项目经理刘海丰。这是公司第一次正式进入湖北市场，项目部克服标价低、施工期短、雨季施工困难等难题，圆满完成了施工任务，取得了良好的施工效益。项目部得到黄石市政府的认可和嘉奖，经理刘海丰荣获黄石市政府"园博园特殊贡献奖"提名。

3月，公司承建西藏贡嘎机场至泽当专用公路新改建工程LJ5合同，起于乃东县多颇章乡，沿雅鲁藏布江止于泽当县，建设里程14.15千米，沿线采用双向四车道一级公路标准，设特大桥1座、中桥1座、互通式立交1座、分离式立交1座等，合同价5.34亿元，项目经理王菲。

该项目为我公司在西藏自治区中标的第一个项目，项目部全体职工积极工作，努力克服高原反应、自然环境恶劣、空气含氧量低、紫外线辐射大、汛期施工困难等诸多不利因素，在业主组织的历次评比中都名列前茅，为公司开拓西藏市场打下良好的基础。

4月，公司承建国道G107线东庞路口至沙河东环段改造工程二合同（北段），建设里程16.75千米，为一级公路，合同价5200万元，项目经理崔占敏。该项目荣获河北省安济杯奖和邢台市金牛杯奖。

5月，公司承建石家庄南绕城高速跨南水北调大桥，工程位于石家庄市南绕城高速公路主线工程上，跨南水北调总干渠，建设里程260米。工程使用波形钢腹板预应力混凝土变截面连续箱梁，采用挂篮悬臂施工法。

5月，公司承建大广高速公路承德机场连接线第二合同段，为新建项目，建设里程6.73千米，合同价1.22亿元，合同工期6个月，项目经理董飞。面对极度困难的局面，公司仅以4个月的有效工期，完成了公认不可能完成的任务，确保了机场连接线通车。时任邢台市市长董晓宇考察承德机场项目时，高度赞扬了邢台路桥的硬朗作风，该项目部也被评为优秀项目经理部。

5月15日，公司承建邢东新区振兴一路（泉北大街至中兴大街）道路建设工程，建设里程3504米，新建振兴一路跨牛尾河桥梁1座，合同价8858.91万元，项目经理史毅杰。该项目是邢台新区主要交通要道，推动了邢东新区的经济发展步伐。

6月，公司承建邢台碧桂园货量区（一标段）园建工程，工程额351.81万元，项目

经理赵子博。该项目是市政公司成立后参建的第一个园区工程。

6月,公司承建山东宁津县村级公路改造工程(PPP),拟建村级公路总长度为650.79千米,工程涉及全县12个乡镇、街道办、856个行政村,共涉及道路477条,合同价3.01亿元,项目经理陈永昌,总工冯燕敏,副经理杨国清、王秉旺。该项目建设完成后,解决了当地交通制约的瓶颈问题和群众的交通安全问题,对于农村经济发展,全面推进小康社会建设步伐,提高城乡统筹发展水平发挥了重大作用。

7月,公司承建邢衡高速一区水毁抢修工程,建设里程56.408千米,合同价1000万元,项目经理贾艳杰。当时邢台市遭遇暴雨袭击,短时间降水量远超1963年和1996年,达到历史极值,邢衡高速水毁严重。抢修工程的开展及竣工,标志着邢衡高速公路邢台段受水毁后出现的最危险损害已被治理修复,为河北省交通建设的大发展以及邢衡高速养护事业的创新,做出了自己的贡献。

10月,公司承建沿海高速公路沧州歧口至海丰段伸缩缝更换工程定期检查,检查涉及全线桥梁103座、涵洞72道,合同价171万元,项目经理王立峰。

11月,公司承建连霍高速(G30)新疆境内乌鲁木齐至奎屯段改扩建项目第WKGJ-2标段,建设里程31.89千米,在原有双向四车道的基础上拓宽为双向八车道,合同价8.39亿元,项目经理张习。该项目是公司进入新疆市场后建成的首条高速公路项目,也是公司中标的传统项目中金额最大的项目。公路通车后将极大缓解进出乌鲁木齐交通压力,对新疆"一带一路"建设具有重要意义。

◎ 2017年 ◎

2月,公司承建邢台市七里河紫金大桥,大桥建设里程342.3米,桥面总宽13米,跨径布置为(88+156+88)米,合同价1185.97万元。该项目采用波形钢腹板预应力混凝土结构,有效解决了预应力混凝土箱梁病害问题,创造性采用了带有L型构件的埋入式剪力键,较好地解决了箱梁顶、底板与波形钢腹板横向受力问题。

3月,公司承建沙河沿岸综合整治PPP项目。该项目位于河南漯河市城乡一体化示范区淞江路以北,规划沙河大桥以南沙河段,规划占地1893亩,总投资10.80亿元,建安费约5.16亿元。主要建设一河两路四湖,项目经理王庆杰。该项目是公司在漯河新区落地的第一个PPP项目,建成后对于提升城市品质和优化环境质量,拉动沿岸经济和社会事业发展,将起到积极的作用。

第三章　组织管理

3月，公司承建国道G107邢台段绕城改建工程，建设里程41.85千米，采用双向六车道一级公路标准建设，全线设大桥1座、中桥1座、互通式立交5座、分离式立交7处、平面交叉45处，以及沿线绿化工程等，合同价12.41亿元，项目经理焦习龙。

3月，公司承建隆尧县2017年农村公路和省道德昔线改建工程项目。这是邢台地区首个PPP项目，建设里程83.197千米，包含1条省道及9条乡道，项目经理张小帅。该项目为隆尧县重点民生工程，部分路段的提前完工，为全世界李氏宗亲大会的顺利召开奠定基础。隆尧县交通局以红头文件方式，对公司为交通建设和经济发展做出的突出贡献予以肯定和表彰。

4月，公司承建石家庄市赞皇县特大洪灾公路桥梁恢复重建工程小时FCJ-03标段为"719"水毁修复项目，建设里程1183米，共有桥梁7座，合同价3770万元，项目经理贾艳杰。该项目建成后，加大了原有桥梁宽度，为附近村庄的发展建设起到了积极作用，获得邢台市金牛杯奖。

4月，公司承建邢台市环城公路四分部施工段，起于邢台市南和县善下北村村北，止于国道107南互通段西处，项目经理崔占敏。邢台环城四分部QC小组项目获得河北省质量技术监督局、河北省质量协会等联合颁发的"河北省优胜质量科技成果奖"。

8月，公司承建柏乡县2017年农村公路改建工程（南环—驻驾铺），位于柏乡县城南部，建设里程3.57千米，设计技术标准为四级公路，合同价237万元，项目经理董飞。项目建成通车后，缩短了驻驾铺村到柏乡县城的距离，为周边各行政村之间的相互联系提供了便利，缓解了赵辛线交通压力，驻驾铺村因此入选邢台市2018—2020年度市级文明村镇名单。

9月，公司承建宁夏石嘴山市惠农区滨河大道延伸段工程第2合同段，为一级公路，合同价2490.73万元，项目经理武华民。滨河大道延伸工程作为石嘴山市"十三五"交通发展规划中的重点建设项目，对进一步推进整个惠农区经济发展，实现石嘴山市工业化，改善宁夏回族自治区对外贸易的发展环境，提高对外开放水平，具有重要的现实意义。

11月，公司承建迁曹高速公路京哈高速至沿海高速段二合同段，起点为唐山滦州市与滦南县交界处，终点为唐港高速岳庄枢纽互通，建设里程14.95千米，双向六车道高速标准建设，设大桥3座、中桥1座、分离立交3座、匝道桥5座、小桥9座、通道44道、涵洞5道、钢波纹管涵7道、互通1处，合同价9.98亿元，项目经理邢照辉。

迁曹高速公路京哈高速至沿海高速段二合同段是河北省"十二五"高速公路网规划的重要组成部分，为京津冀一体化交通建设的重要项目，有助于迁安、滦州、滦南等沿线县市与曹妃甸开发区、曹妃甸港区的快速连接，进一步加强唐山东部地区与天津、秦皇岛等其他城市的有效对接，对唐山市建设"京津冀城市群东北部副中心城市"，具有重要意义。

11月，公司承建东莞市镇际联网路29号路工程二标段，建设里程2.25千米，为一级公路兼城市主干路，设跨线桥1座、立交1座，合同价1.61亿元，项目经理崔院生。该项目是东莞市次干线公路网的重要组成部分，实现了东莞全市均能在15分钟顺利上高快速路网，促进了经济相对落后的东莞东北部地区区域经济发展，适应了日益增长交通量的需要，是东莞市近年来发展大交通、构建现代化城市交通体系的一项重要内容。

11月，公司承建迁曹高速二合同二分部，起点位于孙家庄村西南米官营互通，终点位于岳庄村东唐港高速与迁曹高速交会处，建设里程7810米，设养护区1处、互通1座、大桥5座、分离立交2座、通道3道、盖板涵28道，合同价4.8亿元，项目经理邢照辉。本项目的建设极大提升了曹妃甸港口的集疏运能力，增强了港口与腹地的经济辐射能力，促进了港口的快速发展，有效落实了河北省高速公路网规划。

◎ 2018年 ◎

2月，公司承建轻重卡汽车销售市场基础设施项目工程总承包（EPC），合同价2699.62万元，项目经理赵子博。这是邢台市第一个轻重卡车辆集中销售市场，推进邢州大道两侧车辆门市的拆迁安顿，加快了邢台经济发展。

3月，公司承建宁夏国道338线盐池（蒙宁界）至红寺堡段公路第6合同段项目，位于宁夏盐池县、红寺堡区境内，建设里程27.061千米，合同价4027.38万元，项目经理武华民。本项目是连接内蒙古鄂托克前旗、宁夏盐池县、红寺堡区及沿线村镇的重要通道。项目的建设适应了新的国家公路网规划，提升了国道服务水平，满足了区域交通运输发展的需要，对促进宁夏、内蒙古两个自治区协作与发展，有着重要作用。

4月，公司承建晋州市住房城乡建设局河北省石家庄市晋州市城市道路提升工程PPP项目，包括13个子项，合同额6.68亿元，项目经理周鹏飞。项目的建设，为晋州市的人文历史文化增砖添瓦，在设计和施工上突出本地的历史文化，结合本地的非物质文化遗产进行施工，增加了晋州市的人均绿化面积，城区基本形成"城在园中、园在城中、三季有花，四季常绿"的绿化美化格局，晋州市也因此被住房和城乡建设部命名为国家园林城市。

4月，公司承建内蒙古省道219线灯笼河子—赤峰段公路工程政府和社会资本合作PPP项目，起点为翁牛特旗灯笼河子与省道304相接，终点为赤峰大营子北与省道206线（现国道306线）相接，建设里程89.79千米，采用二级公路技术标准，合同价5.6亿，项目经理贺立恒。该项目列入交通运输部"十三五"发展规划。

6月，公司承建宁津县道路改造PPP项目，位于山东省德州市宁津县，采用ROT（改建—运营—移交）运作模式，合作期限为17年，合同价2.3亿元，项目经理岳腾龙。项目建成后，有利于提升项目区交通设施水平，缓解交通拥堵的现状，增强乡镇招商引资的吸引力，带动宁津的经济发展。

8月，公司承建邢台市达活泉公园彩色沥青罩面工程，合同价576.9万元。

9月，公司承建新机场北线高速公路廊坊段二合同，建设里程4633米，设特大桥1座（部分）、大桥1座、分离式立交2座、枢纽互通1处、服务型互通1处、收费站1处、匝道收费站1处、养护工区1处、治超站1处，工期12个月，合同价约15亿元，项目经理刘建军。该项目建成后，形成融多种交通方式为一体的"环首都一小时"综合运输交通体系，对推动京津冀一体化进程、完善机场周边综合运输体系，具有重大意义，为公司进军雄安市场迈出了关键的第一步。

10月，公司承建腾陇高速公路盈江出口延长线PPP项目，建设里程5.8千米，涉及道路、给水、雨水、污水、绿化工程、照明、电力工、电信等多项工程，合同价2.96亿元，项目经理睢力强。该项目是公司挺进云南市场的首个建设项目，通过参建云南省盈江县基础设施建设，为公司在云南"落实新要求，开创新局面"打响了第一枪。

11月，公司承建开元路南延（百泉大道—祥和大街）工程，位于邢台市桥东区开元路南端，跨越七里河，终点与祥和大街相交，新建道路长度2407米，建设跨七里河大桥1座，桥长240米，桥面上设14个景观亭，合同价1.9亿元，项目经理薛立建。该项目建成之后，开元路七里河大桥夜晚灯光璀璨，为酷暑时节迷人的七里河夜景又增添了新风景线，成为邢台市的"网红桥"。

11月，公司承建七里河城市运动公园，总面积约15.52公顷，项目场地分为7个区域，分别为形象展示区、集中停车区、礼仪广场区、标准球场区、自然游憩区、综合球

场区、城市活力区,项目经理周鹏飞。该项目建成后,与七里河体育公园、竹园、即将修复的狗头泉公园串联起来,形成"珠链"式公园构架,将运动元素与景观元素有机融合,以运动诠释健康生活力量。

◎ 2019 年 ◎

1月,公司承建国道G340邢台段绕城改建工程,位于邢台市西南部,为省重点工程,建设里程10.35千米,采用双向六车道一级公路标准建设,设南水北调矮塔斜拉桥1座、涵洞35道、互通立交1处、分离立交2处、合同价5.26亿元,项目经理程涛。该项目建成后,将与东环、北环、西环、南环共同组建成邢台新的外环体系,成为邢台市又一地标性建筑,缓解了市区交通拥堵,实现了大车不经过市区,减少了扬尘污染,拉大了城市主框架,促进了邢台市的经济发展。

1月,公司承建邢台市东环城水系建设工程(七里河—泉北大街段)勘察-设计-施工EPC项目,南起七里河,北至泉北大街,东临东华路,占地面积约为95公顷,河道水系长度约6.6千米,建设驳岸长度17.9千米、防渗面积92万平方米、防洪闸2座、橡胶坝3座、桥涵11座,合同价3.89亿元,项目经理崔院生。该项目建成后,以防洪排涝为主,兼顾生态休闲,将中央生态园与白马河、七里河相连,进一步完善环城水系,助推邢台市东部区域健康可持续发展,致力打造出"水清、岸绿、流畅、景美"的景象。

2月,公司承建新机场北线高速公路廊坊段PPP项目,建设里程9.9千米,采用双向八车道高速公路标准建设,全线设特大桥1座、大桥1座、分离立交3座、互通3处、收费站3处、养护工区1处、路段监控通信站1处。另外,建设G105空港新区连接线,长6.2千米,采用双向四车道一级公路标准建设,桥涵设计荷载等级为公路-I级。合同价42.35亿元,项目经理杨涛。

3月,公司承建甘肃省S38王格尔塘至夏河(桑科)段高速公路路基、桥梁、隧道工程施工招标WXSG-5标段,建设里程4.577千米,设桥梁5座、夏河1号长隧道1座,合同价4.87亿元,项目经理武华民。该项目是《甘肃省省道网规划(2013—2030年)》规划的18条联络线之一,是夏河县县道通高速公路的目标路段。该项目的建成,将夏河县丰富的旅游资源通过G1816乌玛高速、G0611张汶高速与甘肃省甘南州、青海省黄南州及四川省阿坝州的旅游资源联通起来,打造了一条连接九寨沟—甘南—青海的包括生态旅游、藏族风情在内的精品线路。

4月，公司组建第一支由孙士光带队的专业队伍，5月组建专业队伍由石鑫带队的第二支，分别进驻石家庄晋州市农村路网改造提升工程项目以及南宫市农村路网改造提升工程项目，打响了进军专业施工市场的第一枪。这标志着机运公司由传统的机械租赁业务走向专业分包。

4月，公司承建河北省晋州市农村路网改造提升工程（晋州市城乡交通运输一体化基础设施）PPP项目，建设总里程142.36千米，对晋州市16条农村道路进行改造提升，总投资5.19亿元，项目经理周鹏飞。该项目建成后，有利于晋州市建立一体化的基础设施网络体系、城乡公交服务体系、农村货运物流服务体系，为实现幸福梨乡、魅力晋州提供了有力保障。

7月，公司承建国道314线布伦口岸至红其拉甫段公路工程B小时GL-2标段，建设里程20.863千米。沿线主要城镇为科克牙尔乡、塔合曼乡等，平均海拔3800—4200米，设大桥4座、小桥1座、涵洞38道、合同价2.86亿元，项目经理吉跃峰。该工程位于我国最西边陲的塔什库尔干自治县，翻越苏巴士达坂后，终点为卡拉苏口岸，是通往塔吉克斯坦、阿富汗、巴基斯坦必经之路，"中巴丝绸之路"的重要组成部分，建设意义重大。

8月，公司承建德州至上饶高速公路池州至祁门段（石台互通至项目终点）路基工程施工CQ-08标段，建设里程4.59千米，设大桥3座、隧道2道，合同价3.32亿元，项目经理李仁增。该项目是沟通皖南国际旅游示范区的快速通道，也是石台县通往省内外的唯一快速通道，对于尽快完善路网结构，推动高速公路网络化、规模化，实现"县县通高速"目标，具有重要意义。

12月，公司承建新疆S21阿勒泰至乌鲁木齐公路建设一期工程高速公路，建设里程11.6千米，起点位于五家渠境内，终点位于乌鲁木齐米东区境内，是新疆首条沙漠旅游高速公路，合同价5.49亿元，项目经理王立权。该项目建成后，将打通阿勒泰和乌鲁木齐便捷通道，成为乌鲁木齐市民"四小时旅游圈"的又一选择。

12月，公司完成浙江银屏山隧道工程TJ01合同，建设里程3.8千米，公路等级为二级，设桥梁13座、隧道1座，项目经理张小帅。该项目是公司在浙江省中标的第一个传统项目，隧道占整个项目的78%，接近特长隧道，施工难度大，为提升公司施工技术水平提供了平台。

◎ 2020 年 ◎

3月，公司承建翔安机场快速路（大嶝岛段）工程绿化标，位于厦门市翔安区大嶝岛，绿化道路工程全长约2.5千米，合同价3568.23万元，项目经理苏晓东。该项目是公司挺进福建市场的第一个项目，也是大力拓展河北省外市场的又一个里程碑。

4月，公司承建卢氏县水生态综合提升工程项目。该项目西起渠首坝，东至火炎河与洛河交汇处，构建以洛河为轴，洛北、洛南大渠为翼，12条支流为线，公园、湿地、高档小区为点，新老城区南北贯通一体的水生态城市建设体系，合同价2.6亿元，项目经理王贵斌。该项目建设完成后，城区将实现"城在水中、人在花中、楼在树中、路在景中"的美丽画面，打造有品位、有韵味、有滋味的旅游目的地城市。

5月，公司承建云南交投集团专项养护工程。机运公司扩大分包业务，同三公司合作，为云南交投集团下辖G80广昆高速罗富段和砚平锁段、蒙新高速、新河高速路段进行微表处铺筑及路面病害挖补处治，共计完成微表处铺筑161.18万平方米，挖补2777平方米。该项目为公司积累了丰富的高速公路微表处理的养护经验，扩展了业务版图，使公司专业化分包施工的转型发展迈上了一个新台阶。

5月，公司承建S101线雀尔沟镇至玛纳斯河段公路品质提升工程项目。该项目位于新疆昌吉州玛纳斯县境内，建设里程46千米，合同价8434.58万元，项目经理崔院生。该项目是新疆维吾尔自治区"旅游新疆"战略重点打造的交通旅游线路之一，也是乌昌地区南部山区乃至整个天山北坡东西向的重要通道。工程的建成实现了省道、县道、乡道三级道路的全面贯通，极大地方便了沿线牧民群众的出行，同时提升了交通服务水平，改善了沿途生态环境，彻底解决景区旅游"三难一不畅"的问题。

5月，公司承建河北保津高速公路2020年病害处治，处治面积928平方米，合同价503.07万元，项目经理葛晓涛。

7月，公司承建邢台任县隆南线东（永福庄段）农开路路网改造项目，位于任泽区东部永福庄乡，合同价84.89万元，项目经理马占旭。该项目响应了国家的乡村振兴战略，为任泽区永福庄乡居民出行提供了便利。

8月，公司承建邢台市襄都区农村生活污水治理工程设计施工EPC工程总承包（第二标段），为辛庄村、大吴庄村等8个村进行污水管网改造及路面恢复，合同价6990万元，项目经理乔磊、总工崔院生。该项目改变了涉及8个村落的道路风貌，改善了居住环境，推动了邢台市襄都区美丽乡村和乡村振兴的建设步伐。

8月，公司承建宜春至遂川高速公路P2标段合同。该项目起于宜春市袁州区，终于吉安市遂川县，主线采用双向四车道高速公路标准，设计速度为100千米/小时。本标段分为两部分：第一部分为P2标段，主要分为路面、声屏障、中央分隔带护栏等工程，工程全长40.9千米；第二部分为太湖互通连接线，主要分为路基、路面，工程全长16.7千米。合同价共计6.19亿元，项目经理曹晓青。宜春至遂川高速公路工程是一条位于江西西部的南北纵向线，宜春至大余高速公路的第一段，赣西地区南北方向的又一条大通道，连接了核心旅游景区明月山、武功山、井冈山景区，对拉动赣西地区经济、旅游、交通有着极其重要的作用。

8月，公司承建南陵县G318南（陵）青（阳）线改造工程（一期）PPP项目，起点位于G318与S457交叉，终点位于南陵县与青阳县交界，建设里程24.38千米，设计等级为一级公路，设大桥1座、中桥1座、小桥1座、涵洞128道、合同价5.83亿元，项目经理王新超。该项目列入安徽省"十三五"交通规划、芜湖市"十三五"规划及南陵县"十三五"综合交通规划均将本项目列为主要改造项目，将有效完善区域内路网体系，形成综合、立体的交通网络。

12月，公司承建国道G107内丘县城绕城段改建工程A标段项目。该项目起于西北光村西国道，终于小马村村北原G107，建设里程9.632千米，采用双向四车道一级公路标准建设，设大桥1座、中桥1座、小桥1座、涵洞10道、等级路平面交叉4处，合同价1.53亿元，项目经理郭国忠。该项目是邢台市大气污染治理4个绕城通道建设项目之一，对于优化内丘主城区过境交通环境，解决过境运输车辆特别是重型运输车辆污染城市问题，具有重要意义。

◎ 2021年 ◎

4月，公司承建滦古线（滦州路至赤曹公路）升级改造工程，起于滦州市滦州路交叉口，终于糯米庄村南与在建赤曹公路相交，建设里程约5.6千米，一级（二级）公路。

杨柏线（滦州段）改建工程改造路段均位于滦州市境内，起于迁安界，终于滦南界，改造里程为26.72千米。迁安界至G205段为二级公路（14.5千米），G205至滦南界段为三级公路（12.23千米），合同价2.07亿元，项目经理闫志军。该项目为公司中标的首个 EPC 项目，为继续开拓 EPC 项目市场奠定了良好基础。

4月，公司承建大瑞铁路大保段永平站站前广场配套工程，项目规划用地总面积约80亩，主要建设站前广场停车场、公共汽车站、商业配套及公共服务设施等。该项目由中国中铁二院昆明勘察设计研究院作为设计施工总承包牵头单位，与我公司组成联合体中标，采用 EPC 总承包模式，合同价 7000 万，项目经理吉跃峰。

4月，公司承建安徽省部分高速公路沥青路面修复养护工程（合肥、六安）01 标段，包括修复养护（原路面病害铣刨、重铺）、薄层罩面和路面巡查、检查、裂缝处治、坑槽修补、路面局部维修等工作，合同总造价 3.82 亿元，项目经理赵华平。该项目是公司在安徽省内第一个高速公路养护项目。

5月，公司承建南开区海绵城市建设一期 PPP 项目（Ⅱ标段），占地面积约 19 万平方米，共涉及老旧小区海绵改造、市政道路海绵改造、公园海绵改造、混接片区改造、排水管网混接点改造、海绵城市智慧数据平台 6 个板块，合同价 3681.36 万元，项目经理路兵。

6月，公司承建邢台市开元北路人行地下过街通道工程，位于开元北路与卫生街交叉口，东接博物馆，西接开元寺，合同价 6990 万元，项目经理周伟谦。该项目为公司史上承建的第一座人行地下过街通道工程，意义重要。

6月，公司承建罗平县美丽县城路网改造建设 PPP 项目，建设里程约 18 千米，新建及改造道路 12 条，涉及道路工程、交通工程、绿化工程、照明工程、给水工程、雨水工程、污水工程、电力工程、电信工程等建设内容，合同价 6.98 亿元，项目经理睢力强。该项目是公司挺进云南市场以来首个市政项目，也是大力拓展我公司在云南多元化发展的一个重要里程碑。

7月，公司承建邢州大道东延（河头村东—润德路段）工程，位于任泽区境内经济开发区，建设里程 2146.064 米，为市政道路综合工程，总工期 16 个月，合同价 1.02 亿元，项目经理马占旭。该项目为邢台市中心城区的重点项目，建成后将成为任泽区对接邢台市的重要干道，对提升城市形象有着重要意义。

7月，公司承建邢台国际会展中心项目—河盛大街（环湖公路段）道路工程设计施工 EPC 工程总承包，建设地点为振兴一路以东，泉北大街以北，建设里程 1814 米，主要包括道路、排水、交通、照明、桥梁等工程，项目经理史毅杰。

7月，公司承建鞍山市 2021 年黑大线（甘泉至三里段）修复养护工程，起于甘泉，终点位于海城三里,建设里程10.19千米,采用双向四车道一级公路标准建设,设计速度为60千米/小时,设小桥涵4座,合同价8013.07万元,项目经理杨国清。

7月,公司承建农村供水保障体系省级筹建工程(巨鹿县项目),建设里程7.6千米,合同价2547万元,项目经理郭振江、总工郭义州。该项目是河北省政府"二十项民心工程"之一,旨在减少邢台地区地下水开采,为公司提供了水利行业管道施工的经验。

7月,公司成为邢东新区尚东片区道路改造提升工程(绿道)项目(市政部分)设计-施工EPC工程总承包。项目位于邢东新区,合同价4861.52万元,项目经理冯笋。该项目道路改造提升工程串联金融湾、园博园、生态科技谷、牛尾河等重要空间节点,是未来邢台市邢东新区重要的南北核心空间通廊。

7月,公司承建贵州凤山水库高速公路改建工程(专项2标)的清水塘分离式隧道,位于贵州高原中部斜坡地带,隧道右线740米/左线705米,双向四车道,项目经理徐文中。承建该项目标志着公司首次进入贵州市场。

7月,公司承建威县开放路(世纪大街至大广高速口)提升改造工程。该工程包括:铺设沥青混凝土罩面117352平方米,挖补路面632平方米,施划道路标线8571平方米,新建栏杆2350米,以及栏杆拆除、路面铣刨等;G106国道与杨官线交叉口路面改造工程,铺设沥青混凝土罩面为13811.8平方米,施划道路标线6259平方米。该项目为机械公司首次独立中标承揽,为机械公司走向市场,独立承揽工程打下了基础。

7月,公司承建金融中心1号楼(路桥商业大厦),位于邢东新区西北方向、中央生态公园北侧、金融湾南侧,占地面积36915平方米,建筑高度为160.750米,地上34层,地下3层,合同价5.7亿元,项目负责人刘铮。该项目致力于打造邢台地标性建筑,集金融、商贸、服务、商务办公于一体,将进一步完善城市功能,对打造高标准、高水平的现代城市经济聚集区产生深远影响。

8月,公司承建广州南城养护所2021年路基路面小修保养维护服务。该项目位于广州市番禺区、南沙区,合同价1060.48万元,项目经理张增强。

8月,公司承建湖南省沅陵至辰溪高速公路项目2标。该项目位于湖南省怀化市沅陵县、辰溪县境内,建设里程50.48千米,采用双向四车道高速公路公路标准,设服务区1处、匝道收费站4处、桥隧监控站1处、监控分中心1处、养护工区1处、路政中队1处,合同价13.97亿元,项目经理孙立彬。该项目将成为湖南省西部地区怀化市所辖范围唯一的南北向高速公路，北连常吉高速，南连娄怀高速，连接了怀化市域范围内的沅陵、辰溪，使怀化市所有的县城满足30分钟上高速的要求，对怀化市沅陵、辰溪以及湘西州泸溪的经济发展起到巨大的促进作用，也是公司进军湖南市场的第一个项目。

9月，公司承建鹤壁市省道次差路改造项目施工1标段，建设里程14.07千米，采用二级公路标准，合同价6778.36万元，项目经理张庆华。

9月，公司承建秦皇岛至唐山高速公路秦皇岛段主体工程施工Ⅰ类ZT1标段，起于昌黎县犁湾河村，终于秦唐界（滦河），与秦唐高速公路唐山段顺接，建设里程27.67千米，采用双向四车道高速公路标准建设，合同价4.13亿元，项目经理陈永昌。

11月，公司承建湖南省永州至新宁清江桥高速公路项目施工招标暨股权转让第1标段，建设里程18.5千米，包括标段范围内的路基、路面、桥梁、涵洞、隧道、交叉、交通安全设施（不含管线预埋）、绿化及其他工程，合同价13.92亿元，项目经理赵伟超。

11月，公司承建邢台市南和经济开发区电商孵化基地项目，总建筑面积21386.66平方米，合同价6578.89万元，项目经理杨国旺。

12月，公司承建郑州西南绕城高速护栏及中分带绿化修复养护工程施工项目ZZGZ-9工程，合同价8981.54万元，项目经理霍虎伟。

12月，公司承建鄂尔多斯市省道316线西柳沟特大桥工程，桥长1357.2米，孔径布设为45孔，单孔径30米，先简支后连续结构，合同价8160.96万元，项目经理王甲甲。

12月，公司成为邢台市南和区2021年农村生活污水治理项目（勘察、设计、施工）EPC工程总承包。该工程包括管网总长度340千米，污水检查井17000座，拟建设污水提升泵站8座，共涉及5个乡镇32个村，合同价1.14亿元，项目经理庞青林。

12月，公司成为玉城万象府项目工程总承包。该工程位于唐山市玉田县城内繁荣北路东侧，总建筑面积170823.34平方米，其中地上建筑面积116667.50平方米，地下建筑面积54155.84平方米，拟建设住宅楼、商业及其配套等建筑，合同价5.59亿元，项目经理刘安宁。

◎ 2022年 ◎

1月，公司承建安徽综合交通基础设施项目通江大道江北大道至和沈路段改建工程一标段。该项目位于安徽芜湖市，起于江北大道，止于和沈路，建设里程6.18千米，建设内容为道路两侧增设分隔带、辅道及人行道，合同价 1.39 亿元，项目经理李仁增。

1月，公司承建邢台和阳中学项目，占地 232.5 亩，总建筑面积为 173993.95 平方米，其中地上建筑面积 160249.73 平方米，地下建筑面积 13744.22 平方米。新建学校为综合性高级中学，拥有教学班 180 个，可容纳学生 9000 人，合同价 2.1 亿元，项目经理庞青林。

4月，公司承建沙河市鑫通物流有限公司沙河市鑫通铁路物流项目一期，位于邢台沙河，包括项目一期范围内所有工程和附属配套设施建构筑物，合同价 7604.37 万元，项目经理李化军。

4月，公司成为邢台泉北东大街（心河路至东环城公路）道路及绿化建设工程（一期）（道路部分）勘察设计施工 EPC 工程总承包，占地面积 374.04 亩，建设里程 2.07 千米，包括道路、照明、排水、交通工程建设，合同价 1.5 亿元，项目经理周鹏飞。

5月，公司承建兰原高速封丘南互通连接线项目（三次），起于河南封丘县城关乡陈堂村，止于县道 X002 交叉，建设里程 6.62 千米，为一级公路，双向六车道（起点段为双向四车道），设计速度采用 80 千米/小时，设大桥 1 座、中桥 2 座、涵洞 7 道、平面交叉 12 处，合同价 2.07 亿元，项目经理徐文中。

5月，公司承建邢台市普通干线公路路面养护工程，包括兴阳线（G234）石槽村北至路家庄村南部分路段修复养护（大修）、兴阳线下店村东至茶旧沟段修复养护（大中修结合）等 12 个工程，合同价 1.72 亿元，工程项目经理史毅杰、赵军坡、郭国忠。

5月，公司成为巨鹿西郭城镇智能制造装备产业园项目（一期）勘察设计施工 EPC 工程总承包。该工程占地面积 147 亩，建筑面积 76147.62 平方米，建设厂房和配套建设园区内道路、场地硬化、绿化、围墙、消防、供水、供电、管网等配套设施及设备，合同价 1.36 亿元，项目经理刘景雷。

5月，公司成为邢台振兴二路（中南街至牛尾河）道路及绿化建设工程（道路部分）勘察设计施工 EPC 工程总承包。该工程建设里程 1.06 千米，规划道路红线 40 米，道路两侧绿线各 20 米，合同价 7708.4 万元，项目经理周鹏飞。

7月，公司承建广西崇左市城区供排水一体化 PPP 项目 B 分标，主要施工包括：区水体整治和管网提升改造工程、崇左市备用水源引水及渠弄水厂供水工程、崇左市城区道路和景观绿化提升改造工程等 7 个子项目，合同价 4.52 亿元，项目经理赵树楠。

8月，公司成为邢台市南水北调配套工程 - 经济开发区地表水厂及配套输水干管一期工程 EPC 总承包。该工程占地面积 120 亩，建设业务楼（包括化验室等）、仓库、机修间等建筑和设施与相关设备，设计一期工程日处理水能力 15 万立方米，铺设输水干管 40.4 千米，涉及开发区、邢东新区、襄都区、信都区部分区域，合同价 4.96 亿元，项目经理马占旭。

8 月，公司承建隆尧县官庄村（城中村）棚户区改造项目，占地面积 22090.64 平方米，总建筑面积 70477.21 平方米，其中地上建筑面积 55455.37 平方米，地下建筑面积 15021.84 平方米，建设 18 层剪力墙结构回迁楼 6 栋以及地下车库等相关配套设施，合同价 2.32 亿元，项目经理杜文亮。

8 月，公司承建国道 G106 馆陶绕城段改建工程施工（一期）SG-4 标段，起自邯郸馆陶县北董固村，止于冀鲁界，建设里程 21.347 千米，全线采用双向四/六车道一级公路标准建设，设计速度 80 千米/小时，合同价 1.9 亿元，项目经理薛立建。

8 月，公司承建深泽县向阳街沿线片区城市更新项目，包括阳街主道路改造和沿线配套道路改造、向阳街南延滨河路到滹沱河段道路新建、兴华路改造、振兴路（西环路—东外环路）大修工程、向阳街两侧外立面改造、公园和广场绿地新建及改扩建、新建停车场，合同价 1.6 亿元，项目经理马振宇。

9 月，公司承建尚义县北区基础设施提升 PPP 项目，包含 61 个老旧小区改造、县城巷道硬化改造、福北路道路建设、平安大街三期、永胜路道路桥梁建设、麒麟山及北山区域生态景观提升改造、县城绿化工程、餐厨垃圾处理厂建设等项目，合同价 4.18 亿元，项目经理王贵斌。

9 月，公司承建沙河市城市生态与人居环境改善治理 PPP 项目，建设里程 4.1 千米，路面宽 22 米，包括铣刨沥青混凝土面层、水稳碎石基层挖补处理等施工内容，合同价 2.93 亿元，项目经理达炜。

10 月，公司承建大陆泽、宁晋泊蓄滞洪区防洪工程与安全建设（防洪工程与安全区部分）第一期施工，包括滏阳河右堤复堤工程、小漳河右堤复堤工程及相应堤顶路建设，合同价 1.58 亿元，项目经理崔院生。

10 月，公司承建大陆泽、宁晋泊（撤退路部分）项目，位于邢台市东北部，由大陆泽、宁晋泊 2 个蓄滞洪区组成，建设里程 314.45 千米，维修改建道路 138 条，合同价 4.36 亿元，项目经理崔院生。

10 月，公司成为邢台开发区农村饮水水源置换建设项目设计-施工 EPC 工程总承包。该工程为邢台经济开发区全区 72 个村（居）、4.15 万户连接城市自来水，实施农村饮水置换，新铺设供水管道，新建总水表井、阀门井及因铺设管道产生的路面拆除及恢复等配套工程，合同价 1.74 亿元，项目经理路冬。

11 月，公司成为福泉市高标准农田建设质量提升整市推进项目（旱改水）设计、采购、施工一体化工程总承包（二次）。该工程位于福泉市陆坪镇和凤山镇，实施高标准农田质量提升行动（旱改水）面积 10000 亩，配套完善泵站、高位水池、蓄水池、输水管道、灌溉渠道、排水沟、田间道等田间基础设施，合同价 3.11 亿元，项目经理黄卓。

12 月，公司成为邢台龙冈园区（会宁片区）基础设施建设项目一期勘察设计施工 EPC 工程总承包。该工程建设里程 1976 米，包括新建机动车道及交叉口结构路面、人行道结构路面、绿化、铺设污水接户管、雨水主管道等工程，合同价 1.01 亿元，项目经理葛晓涛。

第四节　管　理　经　营

1996 年　拼搏奉献　争创一流

1996 年，是邢台路桥成立的第一年。公司以改革大局为重，围绕工程建设这个中心，扎实开展质量年活动。公司中标京沈高速河北段、石安高速连接线项目 2 个，中标额 1.7 亿元。全年承建石安、唐津、京沈高速公路等 8 项工程，共计建设 148 千米，完成投资 2.04 亿元。

为实现向质量要信誉，公司成立"质量年"活动领导小组，把"质量年"活动落到实处，提出了以创优质工程为唯一的质量目标，制定统一施工规范，明确施工要点，聘请省内外高级公路工程师进行技术指导，模拟高速公路管理办法，实行菲迪克条款管理，确保工程的高质量竣工。公司开展劳动竞赛，提出"拼搏奉献、争创一流""保质量，抢时间，两年任务一年完"，以最好质量、最快速度建设 107 复线，促进邢台经济建设。

公司坚持对内搞活、对外开放，建立能上能下的竞争机制，聘任高级职称 3 人、中级职称 36 人、初级职称 87 人。公司积极开展 QC 小组活动和新技术推广应用，在粉煤灰利用、砂填路基、二灰砂基层等项目的应用中，取得了显著的经济效益和社会效益。

公司探索对外合作的新路子，与香港鸿泰工程公司合作成立了"邢台鸿奇公路开发有限公司"，招商引资2000多万美元，用于107国道建设。公司推进形象工程深入开展，各项规章制度、服务规范进一步建立，公司机关进一步强化工作水平提升，制定职工教育计划，全面提高职工队伍素质，整体管理水平和施工水平迈上新台阶。

1997年　干优质工程　创企业名牌

1997年，是邢台路桥承前启后的关键的一年。公司上下以工程建设为中心，围绕"干优质工程，创企业名牌"的目标，加强施工管理，增强质量意识，完成产值2.95亿元。

公司全年承建在建宝山高速公路第三合同、石安高速公路E合同，石安高速公路互通立交连接线工程四个合同等工程10项，总计建设高速公路20千米，一二级公路164千米，所完成的工程全部达到了设计标准或成为优良工程，取得了较高的社会效益和经济效益。公司继续组织开展"质量""进度""红旗设备""青年突击队"，4项竞赛，推动承建工程提前高质量完成。其中，宝山高速公路作为河北省重点工程，公司在设备少、技术人员短缺的情况下，不畏困难、昼夜奋战，人歇设备不停，在土方工程施工全线评比中多次名列前茅。

1997年，是公司质量上档次，企业创名牌的关键一年。公司加大管理力度，把工程质量作为交通工作的头等大事，出台了《邢台市路桥建设总公司质量管理纲要》，制定了严格的奖惩标准，确保建设优质工程。公司实行了模拟市场的管理机制，自由选择竞争上岗，通过试行收到了较好效果。公司成立科技工作领导小组，组建专门研究开发利用新技术团队，加强QC小组活动管理。公司针对施工中难点问题，成立专门课题研究小组，308线大修工程混凝土路面等3个QC小组被评为河北省交通厅年度优秀QC小组。公司利用冬闲组织工程机械操作手、维修工进行业务培训，聘请河北省内外专家进行授课，培训专业人才。公司对现有电脑计算机进行升级改造，为现代化企业管理提供便利。

1998年　努力攀登工程质量的新高峰

1998年公司中标项目4个，承揽工程总额约5.5亿元，年度内完成产值3.5亿元，超额完成全年的奋斗目标。公司成功取得了建设部施工企业一级资质证书，被交通部

第三章　组织管理

批准为一级资质企业，真正进入全国一级资质队伍的行列；被外贸部批准享有对外经营权，对于拓展海外业务、海外工程起到至关重要作用；公司正式进入全国建筑行业500强，为促进公司的发展奠定了基础。

公司全年承建在建工程21项，铺筑油路面157千米，水泥混凝土28千米，铺筑路面基层83万立方米，完成土石方290万立方米，大桥3座、小桥涵117道，所建工程全部达到了优良工程标准。其中：在全国重点工程京沈高速公路23个标段中，公司作为全线参加施工的队伍中仅有的一家地市级队伍，施工进度一直名列前茅，三次劳动竞赛均保持在前三名，在11月交通部组织的检评中名列前三，受到了业主的表彰，获奖金300余万元；在邢台市308线官李桥项目中，公司克服了水深、水臭等困难，精心施工，被评为全省养护桥涵工程质量第一名；保定107国道大修工程，在河北省养护工程中检联检中荣获第一名，并被评为河北省养护路面工程前三名；石家庄307线改建工程被评为石家庄公路改建的形象工程；邯郸309国道邯武线改建工程作为公司承建工作量最大的水泥路面，在开工4个标段中，质量和进度也始终名列第一，受到了业主的高度赞赏。

新体制的运行，带来了新的效益。公司完成了整个路桥公司的股份合作制改造和分公司的设立，组建了10个分公司，全年运行良好，工程管理水平明显提高，工程质量再上新台阶。常用机械设备被分配给各工程公司，设备利用率进一步提高，最大程度满足了施工一线需求。公司开发研制了"倾斜式拌和机"和"摊铺机抱轮器"，被国家评为专利产品，并荣获全国第十届新技术新产品博览会金奖。全年共增加固定资产4500万元，在河北省仅有的4套大型3000型沥青混凝土拌和楼中，公司拥有3套，提高了企业竞争能力，为进一步发展奠定了基础。公司多渠道多形式开展职工培训，组织培训班20多个，共350人次先后参加了各种专业培训，28人接受了研究生、本科、专科不同层次的业余学习，委托河北交校培训高中生150余人，充实到生产一线，为公司的发展存储了后备力量。改善职工生活条件，新购1栋家属楼，新建10栋家属楼，配备大锅炉，家属楼全部安装中央空调设备，实行冷热水双套供应，大大改善了职工的生活条件。

1999年　解放思想　再创辉煌

1999年，公司成功取得了全国公路施工一级资质和交通部一级资信，具备参加全

国高速公路招标条件；获得对外经营权，有资格参与世界范围内的投标，具有国外派遣劳务、承揽工程的权力或资格，进一步提高了企业的管理水平，扩大了企业的市场地域。

公司全年承建在建工程 20 项，完成土石方 318 万方，铺筑沥青路面 224 千米，桥涵 63 座，生产沥青拌和料 42.5 万吨，创下了历史纪录。其中：京沈高速公路三合同历时 3 年，在全线 9 个标段的多次劳动竞赛中，一直保持在前三名，工程质量创下了平整度低于 0.6mm 的全国最好水平，在全线第一个顺利完工；公司在唐津高速公路九合同发扬了路桥精神，连续作战，提前 2 个月完成工期，工程质量超过了优良工程标准；宁常线工程独立完成了 3 座中桥，发扬了路桥人的开拓拼搏精神，以优良的工程质量提交了一份圆满的答卷。另外，公司承建的邢德线、邢临线、孙大线、107 线、神无线等多项工程，都在验收检查中达到了优良工程标准，工程质量取得了令人满意成绩。

1999 年，公司新增固定资产 2700 万元，购置全国最大的德国产路拌机、捷克产 50 吨压路机以及拌和楼、摊铺机、运输车等先进的机械设备，施工能力进一步增强。新组建的南方工程股份合作公司，正式运营并产生效益。公司认真开展《公司法》学习，规范股份合作制，健全法人治理机构，建立权责明确、相互制约的领导体制，奠定公司健康发展的组织基础。公司积极开展职工培训，全年有 200 多人参加了项目经理、计算机应用等各种培训，31 人取得了项目经理培训合格证，30 人正在接受研究生、本科、专科不同层次的学习，公司讲学习、学本领的风气业已形成。公司新办公大楼主框架拔地而起，路桥村建成交工，小区完成绿化，安装中央空调，建设游泳池、钓鱼池，为路桥人提供舒适的生活环境。

2000 年　为实现总体目标努力奋斗

2000 年，公司在新世纪伊始，更新观念、加强管理、深化改革、团结奋斗，完成产值 3.2 亿元，成功取得了 ISO 9002 质量体系认证证书，标志公司所生产的产品质量得到认可。

公司全年承建在建工程 18 项，总计里程 234 千米，其中高速公路 42 千米，一级公路 106 千米，二级公路 86.3 千米，全面达到优良工程标准。其中：宣大高速公路路面工程精心施工、严格管理，进度、质量都在全线名列前茅，在工程质量、进度评比中位居全线第二名；京沪高速公路，在所处环境最复杂的情况下，日夜奋战、精心安排，以最快速度、最高质量，居于全线前列；天津津滨高速公路九合同是公司第一次参与软基、湿土施工作业，参建职工克服重重困难，掌握了新的施工技术，高质量完成了施工任务，为下一步开拓南方市场奠定了基础；邯郸北环线、保定曲阳大修、宁魏线曲周段等多项工程如期完工，以优良的工程质量得到了业主的好评。

公司开展跨行业经营，迈出了发展新步伐。南方公司与中国香港合作开发缅甸项目，完成投资1600万元，完成产值3000多万元，实现了当年投资、当年收益；新投资开办的体育彩票公司，参与河北、贵州两省的体彩产业经营，调整了公司产业结构；公司同越南交通运输部、铁路总公司物资供应安装公司达成合作意向，开发越南铁路、公路建设市场，向越南铁路供应预制件产品；公司的沥青拌和楼、沥青摊铺机改造2项成果通过河北省交通厅专家组鉴定，有效治理了污染难题，达到了国内先进水平；公司新办公大楼即将投入使用，办公条件进一步改善。

2001年　共创邢台路桥美好明天

2001年，公司全年中标项目11个，实现市场开发总额5.5亿元。面对竞争激烈的公路建设市场，公司走出国门，先后在越南、孟加拉国进行项目洽谈。公司的国内市场同样高歌猛进，新开辟了湖南、青海项目工程，投身到西部大开发的建设中，彰显国企担当。

公司全年承建在建工程20项，完成投资3.4亿元，承建高速公路16.4千米，一、二级公路155千米，完成公路养护大修工程230千米，全部达到优良工程标准。其中：106线被河北省交通厅确定为年度竣工的优质工程项目；邢临线南和澄河大桥经河北省质监站、河北省公路局认定年度河北省质量最好的桥梁工程；津蓟高速十一合同在全线十个施工单位评比竞赛中名列第三；在保津高速公路挖补维修工程中，公司显示出了高超的施工技术，获得省厅和项目业主一致好评。

公司科技工作扎实有效，《LB1000型沥青混凝土设备技术改造》进行技术成果登记，获得邢台市科技进步三等奖；完成《自密实免捣水泥砼组成设计》，被列入河北省交通厅科学技术攻关项目。

公司管理水平持续提高，工程管理实现新的突破，质量保证体系有效运行，增加了开支透明度，主动接受股东监督，更好地调动职工的积极性，并开源节流。公司固定资产继续增值，新增固定资产200多万元，实现了固定资产的保值增值。公司设备管理水平有所提高，全年累计完成沥青砼40万吨，水泥砼19万立方米。公司新组建"邢台路桥道桥开发有限公司",以 BOT（Build-Operate-Transfer，建设-经营-转让）方式运作，增加公司就业渠道。公司人力资源工作持续优化，拥有高级职称人数 22 名，230 人参加公司机械、安全规程培训，75 人参加了项目经理、造价工程师等专业培训，进一步提高公司员工的技术水平和综合能力。公司办公大楼全面投入使用，办公条件得到极大改善。

2002 年　再创公司美好未来

2002 年，公司解放思想、更新观念，承揽工程总额达 5.9 亿，获取建设部壹级总承包和路基路面专业壹级承包资质，市场开发能力进一步加强。

公司全年承建在建工程项目 21 项，完成投资 3.98 亿元，竣工高速公路 24.2 千米，一、二级公路 160 千米，大中桥 8 座，所完成的工程全部达到优良工程标准，再创历史新高。其中：青海湟水河大桥为公司首次承建 40 米跨径大桥，跨径最大、结构最复杂、长度最长，经过 7 个月的奋战，成功完成建设任务，受到西宁市委市政府隆重表彰；蓟高速公路十一合同项目部，在全线 16 个项目部中取得了全线质量第一，并按合同工期提前交工，创造骄人业绩；江苏宿沭一级公路因为精心施工，管理有序，在全线的施工评比中排名第一名；湖南长湘公路路面 B 合同、保定宝平线 A 标大修工程等多个项目克服了重重困难，圆满完成了施工任务。

公司科技工作成绩显著。LB1000 型拌设备改造获得河北省交通厅科技进步奖，公司荣获"河北省优秀发明创造单位"和"河北省十大优秀发明创造单位"称号。公司中心试验室的筹建工作基本就绪，新材料的开发进展明显，为实现公司的战略规划奠定了坚实基础。

公司圆满完成了各分公司董事会的换届选举工作，体制改革基本告一段落，改造、改选后的各公司同时完成相应组织建立，党、团、工会、监事会均已健全。公司健全完善劳动用工制度和工资分配制度，全面推行全员聘任制，促进了人才的合理流动，实现了人力资源的合理配置。公司质量体系 2000 版的换版工作全面完成，顺利通过中质协监督性审核。公司加强安全管理，建立 ISO 14000 和 ISO 18000 国际标准体系，"环境管理体系"和"职业安全健康管理体系"完成贯标认证。公司采用内外结合的培训方法，提高全员业务素质，全年参加培训人员达到 523 人，95% 以上人员实现了持证上岗，公司主动学习风气已经开始形成。河北、贵州两省的体彩产业运转良好，回收资金 1000 余万元。

2003 年　实现公司的持续、健康、全面发展

2003 年，公司全体干部坚持机遇、市场、诚信、创新四方面意识，加强学习、规范管理，进一步加大市场开发力度，调动全员市场开发意识，中标高速公路项目 4 个，一、二级公路项目 17 个，实现市场开发总额 11.1 亿元，市场业务范围不断扩大，成功进入辽宁、江苏、青海等地。工程建设取得了重大成绩，全年完成产值 5.1 亿元。

公司全年承建在建工程项目 26 项，分布在河北、辽宁、青海、江苏等省地，首次同时承担 4 条在建高速公路，齐驱并进，展示了邢台路桥的实力。其中，沈大高速公路路面工程全长 30 千米，号称神州第一路，参建职工迎难而上、奋勇努力，在全线始终保持领先的地位；青银高速五合同在全线综合评比位列第一名，获得业主通报表扬；邢威高速公路一合同因为施工有序，在全线综合评比中，质量、进度、管理获得第一名；青海马平高速公路 A 合同克服了青藏高原艰苦环境，位列全线质量最优；邢昔线西店大桥，被河北省交通厅及河北省质监站确认为全省优质在建工程、技术创新的典范。公司全年承建项目始终贯彻"信誉至上，开拓创新，追求卓越的工程质量"的质量方针，所完成工程的优良率达 100%，完成全年的质量目标。

公司科技工作稳步推进。质量管理体系顺利通过中质协的复核认证，完成了环境管理体系和职业安全健康管理体系文件的制定、贯标、内审、认证等一系列工作。公司全年组织征集并上报涉及创新管理、施工、技术、材料、工艺方面的论文 30 多篇。公司中心试验室通过省级计量认证，取得了乙级实验室资质。多空隙混凝土路面材料等新型材料开发已初见成效。

公司坚持民主集中制的原则，重大事务通过召开经理办公会，集体讨论决定，为科学决策提供了良好的工作机制。公司设立安全生产科，落实安全生产责任制，奠定安全生产的保障基础。公司专门成立工程督查科，对全公司所有工程质量、进度进行定期不定期的检查，确保工程质量。出租车管理中心组建运行，规范管理，拥有出租车 250 余辆，成为全市最大的出租车公司之一。公司人才管理和学习教育工作效果良好，全年办理评、晋职称人员达 85 人，维护了职工的个人利益。公司重新梳理人员档案，整理公司档案，完成了 500 多人特殊工种操作证年审换证工作。职业安全健康管理体系和环境管理安全体系通过了认证机构审核，管理制度进一步优化。工程质量、安全生产、督查制度形成，各公司的分配、管理制度也得到进一步完善。邢台市

供水公司的自来水管网进入路桥村，集中供暖系统完成铺设，职工的物质生活和精神生活质量得到提高。

公司党委与全体党员干部职工一起，努力开创"民主、活泼、守纪、舒畅"的政治局面，认真学习党的十六大和十六届三中全会精神，扎实开展"树讲求"活动，进行民主集中制学习教育，定期召开民主生活会。公司各级党组织和党员干部发挥着战斗堡垒作用，一年来 4 名同志分别荣获"市巾帼建功明星""省交通系统劳模""青年岗位能手""新长征突击手"等荣誉称号，35 名青年团员申请入党，10 名同志转为预备党员，9 名同志转为正式党员，党组织进一步壮大。

2004 年　开创公司发展新纪元

2004 年，公司全面贯彻"工程要优良，人员要优秀，争创全省、全国优质工程"的指导方针，中标国道 107 线沙河绕城段和邢都线沙河大桥等项目 13 个，实现市场开发总额 4 亿元，取得了交通设施施工资质，增加了沥青加工销售范围，业务领域进一步拓宽。公司工程建设取得全面胜利，多个项目受到河北省、邢台市领导及业主部门的高度评价，完成产值 6.2 亿元，以过硬的工程质量赢得了市场。

公司全年承建在建工程 22 项，青银、邢临、沈大、连盐 4 条高速公路、5 个合同段同时建设，坚持"质量第一，效益第二"的指导原则，把控工程质量，将各项工作做深做细，工程建设取得全面胜利，其中：沈大高速公路改建工程四合同在全线综合评比中连续六次获第一名，提前 41 天在全线率先完成油面摊铺工作，被评为沈大高速公路改建路面工程先进施工单位，在辽宁省交通质量监督站的鉴定中名列第一；津蓟高速公路被评为全国优质工程，获得青海省江河源杯奖；青银高速公路五合同在历次质量、样板工程评选中荣获第一名，成为全线 13 个施工单位的先锋和楷模；漕河特大桥多项新工艺的成功运用，大大加快了施工进度，提升了施工质量，荣获"国家优质工程银质奖"；邢峰线沙河大桥在邢台市交通局历次评比中均位列第一，荣获河北省交通厅年度桥梁建设"优秀在建工程"。这些成绩为公司的持续、快速、健康发展提供有力支撑，是公司发展史上的又一个里程碑。

公司积极推进科技进步，对《合理化建议和科技创新管理办法》进行了补充和完善。公司全年共收到合理化建议和科技创新成果 217 项，申报科技项目 6 项。其中"公路彩色纳米釉波形彩钢护栏生产技术"等 2 项被定为河北省交通厅科技攻关项目；申报新型路面结构层等 3 项专利，科技开发项目得到了中国工程院沙庆林院士到现场指导，极大地提高了公司的技术水平和发展后劲，培育新的发展增长点。

公司管理水平全方位提高，从质量管理、人员管理、财务管理、机械管理、材料管理、农民工管理到奖惩制度的落实，逐渐形成科学的管理体系和制度体系。公司制定《路桥公司股份制改造方案（草案）》，积极推进事业单位改革和公司股份制改造进程，建立适应市场条件的企业运营机制。市场开发工作取得显著进展，在全国范围内加强公路工程建设信息交流与沟通，建立客户回访制度。公司加强安全生产管理人员队伍建设，共计 130 人通过了全国公路工程施工企业安全生产管理人员考核。质量、职业安全健康、环境 3 个管理体系贯穿到日常工作的方方面面，提高了管理的科学化水平。

2005 年　自主创新奋发图强　开创公司发展新时代

2005 年，公司全面贯彻上级"一个强化、五个确保"和"工程要优良、人员要优秀，争创全国、全省优质工程"的工作要求，全年实现市场开发总额 5 亿多元，完成产值 7.9 亿元，成功办理安全生产许可证，交通设施厂正式投产，沥青销售创历史新高，顺利完成全年各项工作目标。

公司全年承建在建工程 25 项，所完成的工程都达到了优良工程标准，实现了 2005 年预期目标。青银高速五合同始终坚持"建精品工程"理念，在交工验收时工程质量名列全线第一；邢威高速一合同在全线率先高质量完成沥青路面摊铺，受到业主表彰并获奖金 150 万元；西宁南北过境公路 A 合同经过精心组织协调，在全线 5 个合同段中质量、进度始终保持第一；连盐高速 GY4-1 合同项目部在"新世纪杯"建功立业劳动竞赛中获第一名，受到业主通报表彰；邢临高速七合同提前 50 天完成主体工程，创造了"邢临速度"；邢峰 A 合同、邢昔线 B 合同在邢台市公路工程考评中被评为 AAA 工程；公司获批成为七里河综合治理项目业主，为增强城市防洪能力，改善市区生态环境，开拓新的经济增长点，促进邢台经济社会快速、协调、可持续发展作出了贡献。

公司技术创新能力明显加强，全年共收到创新和合理化建议 270 项，其中 190 多项被采纳，申报国家专利 5 项，为公司创造经济效益 1900 多万元。多孔改性水泥混凝土路面、改性沥青生产工艺、彩色纳米釉高速公路护栏及氮碳自洁高速公路护栏等技术改进，为公司发展做出了积极贡献。

公司不断提高规范化管理水平，修订完善《工程评价制度》《技术交底制度》《工程施工管理制度》等管理制度，实行挂牌上岗，强化文明工地建设，被市交通局评为"规范化管理先进单位"。公司完善财务、统计、安全生产等各项制度，质量、环境、职业安全3个管理体系继续有效运行，顺利通过了中质协的监督审核。出租车管理中心拥有345辆出租车，开展"争当优质服务车，争做文明行车人"活动，被邢台市运管处评为先进单位。

2006年　再接再厉　为实现公司五年战略规划努力

2006年，公司大力开展创新活动，推行规范化管理，抓好廉政建设，加强职工队伍建设，重质量、抓安全、促稳定，全年中标项目19个，承揽工程总额23亿元，完成产值10.5亿元，七里河综合治理工程全面铺开，为树立公司良好形象、实现向科技转型发展战略奠定了基础。

公司全年承建在建工程28项，多项工程在业主组织的劳动竞赛中获得优胜，质量意识进一步提高，工程质量再上一个新台阶。其中：京沪高速公路青县至吴桥段JH05—1合同，获河北省安济杯奖；济邵高速七合同在15个项目部参加的五次劳动竞赛评比中，全部获全线第一名；廊涿高速在年度六次质量、进度评比中获五次第一名；邢临高速大葛寨至王官庄连接线工程在四次全市安全、质量、进度、内业资料联合大检查中获全市第一名。

公司五年规划迈出了坚实的一步。七里河综合治理工程全面铺开，被邢台市委、市政府确定为邢台市"十一五"期间的标志性工程、邢台市城建"一号"工程。邢台市委、市政府印发《关于七里河综合治理工程的实施意见》，河北省发改委批准立项，为七里河的开发建设奠定了坚实的基础。交通设施公司新厂建成，交通设施产品进一步完善，通过了交通部交通检测中心的检测，获批批量生产准用许可证，为顺利走向市场创造了良好的条件。邢台道路技术开发有限公司注册成立，成功开发新产品、新技术，被国家专利局授予专利证书，为正式运营、转让技术、技术服务、带动路桥公司科技发展创造条件。

公司科技创新取得明显成果，持续开展科技创新和合理化建议活动，职工提出合理化建议187项，增强了公司凝聚力，提高了公司竞争力。"公路彩色纳米釉波形梁钢护栏"获邢台市科技进步三等奖，"自密实免振捣水泥混凝土组成设计"获省交通厅科技进步三等奖，"透水式公路道路结构"被国家知识产权局授予"实用新型专利"。

第三章　组织管理

2007 年　实现公司在新的起点上又好又快发展

2007 年是展望充满机遇和挑战的一年，公司在党的十七大精神指引下，贯彻落实科学发展观，全年中标项目 10 个，实现市场开发总额 3.4 亿多元，完成产值 13.37 亿元。

公司全年承建在建工程 26 项，承揽工程总金额 17.9 亿元，是公司成立以来工程最多的一年。各项工程进展顺利，工程质量继续保持全优。济邵高速公路七合同、廊涿高速公路三合同、津汕高速公路九合同、石环公路路面工程在施工中多次受到业主的通报表彰；七里河综合治理工程取得阶段性的成果，完成南二环、滨河路部分路基，滨河路彩色透水路面试验段铺设完毕，全年累计完成投资 13 亿元，在全市乃至全省产生重大影响，32 位省部级领导先后到七里河考察指导工作；交通安全设施工程市场开发成绩显著，全年承揽内蒙古阿荣旗至北海省际通道、河南驻马店至泌阳高速等 4 项工程，完成产值 4253 万元。

公司科技创新成果凸显，多项专有技术逐渐成熟并投入实际应用。"桥面防水材料"由国家专利局受理专利申报，"新型路面结构层"获得国家发明专利，"大孔隙混凝土"工艺已应用于七里河河道防护、东三环改扩建工程、廊涿高速公路。彩色沥青、透水砖等用于七里河二合同铺筑试验段，涂料厂的水泥混凝土防护产品已批量用于廊涿高速护栏防护。公司合理化建议的质量和技术含量明显提高，全年征求合理化建议 206 项，实施 139 项，创造直接经济效益 1800 万元。交通设施厂对电泳生产线和除锈工艺进行了改造和完善，全年完成产值 4500 万元。

公司生产管理水平显著提高。公司组织项目部安全员开展交流培训，完善和规范安全生产制度，制定各级安全生产目标责任书，提高安全生产制度化管理水平。房地产开发公司业务启动，七里河指挥部办公楼、别墅拼装样品房建设完毕，透水便道砖已实现批量生产。出租车管理中心强化工作人员自身建设，推行人性化管理，提高服务水平。油料科提升服务水平，多方入手培育新的利润增长点，筹建了七里河石料厂、整形石料场和机械作业队，实现了盈利。大学生住宅楼竣工，极大改善了年轻大学生职工的居住环境，解除了一线职工的后顾之忧。

2008 年　实现公司在新基础上的更好更快发展

2008 年，公司进一步统一思想、凝聚共识、抢抓机遇，各项工作取得了显著的成

绩，全年中标项目14个，完成产值14.7亿元，实现了公司在新基础上更好更快发展，为公司第三个五年战略目标的实现奠定了坚实基础。

公司全年承建在建工程33项，严格执行各项管理制度，采取节能降耗措施，科学合理安排施工，各项工程进展顺利，工程质量保持全优。其中：津汕高速九合同在当年的施工中多次获得通报表扬和物质奖励，在两次劳动竞赛中获得优异成绩；隆昔线B标严把质量关，被河北省交通厅评为优秀在建项目；山西大运公路八合同项目在三次全线目标阶段性综合评比检查中，荣获两次第二名、一次第一名的好成绩；沈大高速获得国家优质工程金奖；七里河综合治理工程初见成效，9公里河道实现蓄水，滨河林荫道、南二环大道初具规模，成为全市人民关注的焦点。在各项工程建设中，公司保质量、重信誉，影响力和美誉度进一步提高。

公司继续开展新技术研发，彩色功能路面、彩色功能路缘石2项技术获得国家专利授权；"提高石料与沥青黏附性技术研究"和"下承式钢管混凝土提篮式拱桥共轴线的控制研究"2个科技项目顺利通过河北省交通厅组织的鉴定，分别获得邢台市科技进步三等奖和河北省交通厅科技进步二等奖；大孔隙基层工艺被批准纳入国家工法，这是公司开发的技术第一次纳入国家规范。

公司确定2008年为公司的"制度建设年、落实年"，对成立以来的所有制度进行了增删修订，颁布《安全生产教育培训考核制度》《安全生产检查制度》《劳动用工管理制度》等13项制度，形成较完整的制度体系，各项工作有章可循，大大提高了管理的科学性、有效性。公司加大市场开发力度，积极参与市场竞争，探索承揽工程新方式，与乐亭县政府签订BOT公路项目总承包建设转让合同。公司成功引进合作伙伴，共同投资5万吨改性沥青生产基地、20万吨基质沥青储存基地，沥青业务以及工程保障能力产生质的飞跃。出租车管理中心狠抓规范化管理工作，持续开展学雷锋树新风活动，树立邢台路桥良好的社会形象。

2009年　抓机遇 调结构 转变发展方式

2009年，公司新业务领域成绩斐然，全年中标项目15个，实现市场开发总额14.5亿元，完成产值25亿元，各项任务目标全部实现，邢台路桥跨入快速成长的新阶段。

公司全年承建在建工程42项，各项工程建设在资源紧张的情况下保证了进度和质量，以过硬的质量和良好的信誉得到了项目业主、监理的高度认可，实现了社会效益和经济效益的双丰收。其中：青兰高速公路、乐港一级路、新河连接线等19项工程顺利完工；青兰高速公路12合同，大广高速公路2合同、5合同等项目以现场管理规范、工程质量高、安全生产、文明施工等受到业主和总监办通报表扬；七里河综合治理工程取得阶段性成果，建成守敬路七里河大桥及玉带桥景观，沿河绿化观光带基本成型，滨河林荫路贯通使用，区域面貌焕然一新。

公司科技创新工作取得新进展，多项创新成果进入推广应用的新阶段，全面申报8项专利技术，有效专利技术授权11项。公司组织完成了2项河北省科技厅科技项目的申报工作，制定公司的《企业工法管理办法》，3项部颁工法获得批准，4项新技术项目推介材料的编制工作完成。彩色路面得到进一步深化研究，完成彩色沥青路面组成设计，在七里河滨河路铺筑全国最长彩色路面。公司研究推出应力吸收带等5项新技术，进行了实验性铺筑应用。技术中心被认定为省级企业技术中心，为公司进一步开展技术创新奠定了基础。

公司积极拓宽经营思路，采取灵活的经营方针，通过外引内联，加大基础设施建设投入，对沥青储存设施进行升级，增强发展后劲。交通设施等新产业全面开花，交通设施公司巩固优势产业，大力进军新领域，小件预制厂实现商品混凝土的正常生产，涂料厂引进的发泡板材生产线投产。八公司中标3项交通工程，实现市场开拓新进展，新的利润增长点不断涌现。物业管理水平大幅提升，物业服务程序不断规范，建设新停车场，为小区通燃气，改善办公区和职工住宅小区的环境。出租车管理中心加强管理和对司机的培训，实现平稳前行。公司建立完善了《新设备验收管理办法》《材料管理制度》《工作日志制度》等管理制度，设备管理水平明显提升，固定资产实现保值增值。

2010年 再创"邢台路桥"新辉煌

2010年是"十一五"的收官之年，公司进一步加大市场开发力度，成功新增了隧道工程专业总承包一级资质，中标钢铁路南延沙河大桥、石家庄环城路复线、石太高速中修等项目23个，在建工程总投资约68亿元，完成产值42.7亿元。道桥建设主营业务创新经营模式，在竞争激烈的情况下实现了全员就业，整体质量、进度、效益明显提高，实力进一步增强，在维护好国有资产安全的基础上，实现了社会效益、经济效益的双丰收。

公司全年承建在建工程49项，各项工程顺利推进，工程质量、进度、安全生产、

管理各方面都取得了令人满意的成绩。其中："一城五星"、卫运河特大桥等邢台市重点工程项目完工，顺利完成了邢台市委、市政府、市交通局交付的重要任务，受到市民的赞扬。大广高速各标段在质量上精益求精，在进度上争分夺秒，全部按期交工，公司被评为保通车突出贡献单位。西宁市海湖新区桥梁工程、石太高速路面工程等多个项目进展顺利，同样为公司聚彩增光。

七里河综合治理工程取得阶段性成果，完成投资6.28亿元，百泉大道主线、滨河道自新华路至西三环全部通车，10公里河道成功蓄水，形成了161万平方米的水面，完成绿化168万平方米，以前垃圾遍地、污水横流、沉睡多年的废弃荒地，恢复了蓬勃生机，区域环境彻底改善，得到广大市民的高度称赞。同时，公司充分利用业主条件，在七里河进行了新技术应用，促成世界上第一条全透水公路在百泉大道试验成功，生态型河道防护获得成功，实现全国最长的彩色路面落户邢台，公司知名度进一步提高。

公司技术创新、新技术应用进入实践阶段，全年申报5项专利技术，其中2项发明专利、3个科技项目在河北省交通运输厅批准立项。公司成功研发出"大孔隙改性水泥混凝土基层"等6项全新公路建造技术，全透水道路、生态技术河道防护等8项新技术得到应用，《高摩阻改性沥青路面研究》等多个课题在河北省交通运输厅批准立项，为公司发展开辟了新的效益增长点。

各经营类公司蓬勃发展、势头强劲，实现公司的战略布局。机运公司充分发挥设备潜力，提高设备的生产率和利用率，有效保证各项目部生产任务、进度和质量要求。沥青公司和油料公司以科技创新为手段，自主研发了新型管道式剪切胶体磨，有效降低了改性沥青生产成本，努力开发市场，一举拿下大广南3个改性沥青供给合同，取得令人满意的收益。房地产公司完成了从外行到内行转变，"新京都"基本完工，销售率超过了90%，"阳光水岸"商住项目在邢台居于领先地位，"水岸绿城"项目进入实质性开发运作。

2011年　坚持科技强企之路
为公司持续快速发展奠定坚实基础

2011年是"十二五"的开局之年，也是邢台路桥第四个五年计划的第一年。公司市场开发工作迎难而上、再创佳绩，中标项目36个，实现市场开发总额39亿元，完成产值23.5亿元。

公司全年共承建32项工程，在建工程总投资约30.25亿元。公司在工程建设上实现新突破，与中交二公局共同承接了"总承包项目"工程，在河北建筑工程企业中，第一个拥有"施工总承包业绩"；公司独自承担了承赤高速五合同"隧道工程"，在石家庄西柏坡高速公路承建了河北省第一座吊篮施工的南水北调大桥，西宁大桥工地被青海省住建厅评为"年度省级安全标准化示范工地"；七里河综合治理工程取得阶段性成果，全年共计完成投资2.85亿元，承建阳光水岸商住项目，美化了七里河景观。这些成绩为公司发展积累了经验，赢得了信誉。

《公路路面防水抗裂层材料研究》等2个项目在河北省科技厅立项，《空间滚擦石料整形筛分成套设备研究》等4个项目在河北省交通运输厅立项，《高摩阻（GMZ）改性沥青路面研究》等7个项目通过河北省交通运输厅科技项目鉴定验收工作，其中1项被评为国际先进，2项为国内先进，4项为国内领先。公司全年共申请国家专利3件。"白加黑"高速公路修建技术被河北省交通运输厅列为河北省重点推广技术项目，为公司新技术的推广和社会经济效益的增长奠定了基础。

为进一步加强项目成本控制，公司制定出台了《项目成本控制管理暂行办法》《效益责任管理暂行办法》《工资、效益工资分配暂行办法》等多项制度，提升企业效益。引入了"卓越绩效"管理模式，规范统计流程，建立网上填报表制度；公司试装了工地在线监控，奠定现代化工程管理基础；公司建立完善公平合理的薪酬体系，推动同工同酬，管理科学化水平进一步提升。

2012年　调结构　转方式　强廉政　谋发展
为公司长远发展打好坚实基础

2012年是党的十八大胜利召开之年，也是公司第四个五年规划的承上启下之年。面对激烈的市场竞争、招投标政策调整，公司上下紧密配合、勇渡难关，中标项目26个，合计金额24亿多元。施工建设捷报频传，全年完成产值26.8亿元，公司被列入2011—2012年度"中国建筑业500强企业"，位居全国第203名。

公司全年在建工程45项，在建工程总投资约43亿元。公司克服了资金紧张、地方事务进展缓慢等诸多困难，保进度、抓质量，凭借过硬的技术和管理，在多项评比中获得了骄人的成绩，其中：邢汾高速5标项目部被筹建处评为"突出贡献单位"，予以全线通报表扬；石安改扩建KJ6合同项目部连续被评为石安高速标杆单位；西柏坡高速

S4 合同项目部荣获河北省交通运输厅和石家庄市政府联合颁发的"西柏坡高速建设先进单位"称号，为公司赢得了良好的市场信誉。

公司科技创新成果成绩斐然，全年共编制 12 项科技项目立项申请材料，完成了 8 个项目立项，6 个项目得到河北省交通运输厅安排推广。申请国家专利 15 件，7 件专利获得国家授权。其中"白加黑"道路技术被河北省交通运输厅发文推广，开创了厅级政府部门为企业专门发文的先河。"薄层沥青路面结构优化与各结构层功能研究""高摩阻改性沥青路面研究"分别荣获河北省交通运输厅科技进步一等奖，"公路沥青路面功能层组合结构技术"获得河北省科技进步三等奖。

全年，各分公司、各部门各尽其责、团结协作，保障了公司在困境中继续前进。设备科开展"一种随机洗料筛"新型专利技术研发工作，推广到京珠高速改扩建工程 19 个标段；科技科和中心试验室肩负科技研发重任，完成委托试验 3000 多次，连续 9 年无顾客投诉；公司完成了《彩色树脂路面》编写，与各大学、科研院所建立良好关系，标志着公司已成为全省知名的专家型、创新型科技单位。房地产公司在自我管理、楼盘开发、销售、物业服务多方面都已趋于成熟，"佳洲美地"项目正式启动，"锦江不夜城"共计销售 8000 平方米，完成招商 30739 平方米。机运公司积极开拓市场，实现外租设备收入 500 多万元。交通设施厂创新发展，LED 灯光产品供不应求，年产值超过千万，成为金杯汽车和电动自行车的知名配件供应商。桥梁厂初具规模，完成投资 6000 多万元，世界上第一条钢桥板生产流水线建成投产，顺利通过装配式组合钢箱梁试验桥荷载试验。安全生产常抓不懈，实现了全年无安全责任事故、人员零伤亡。大学生住宅楼二期工程顺利交工，122 位职工及家属搬进新居，职工的居住条件进一步改善。

公司党委全面深入学习宣传党的十八大精神，以践行"十八字"交通方针为首要任务，以群众性精神文明创建活动为载体，全面提升行业精神文明建设水平。公司加大反腐倡廉力度，选举成立了公司纪委，为保障公司健康运营提供坚强的政治保证。公司全年按期转正 12 名预备党员，发展 9 名预备党员，被授予"河北省文明单位""河北省青年文明号""邢台市文明单位""先进基层党组织"等荣誉称号，多名同志被评为优秀共产党员。通过扎实开展党建、团建工作，公司的凝聚力、战斗力得到进一步提高。

2013 年　开启产业结构调整和发展方式转变的新征程

2013 年，是党的十八大召开后的第一年。公司稳中求进、抓好落实，开启产业结构调整和发展方式转变新征程，全年中标项目 32 个，实现市场开发总额 39 亿元，居全省路桥施工企业首位。公司在建工程合同总额 96.16 亿元，全年完成投资 32.84 亿元。

公司全年承建在建工程 48 项，在各项工程建设中，凭借过硬的工程质量，在多项评比中获得了骄人的成绩。一公司承建的邢汾高速 7 合同在全线 14 个标段中，第一个具备通车条件，得到了河北省交通运输厅、河北省高管局及筹建处充分肯定和表扬；邢汾高速路面 1 合同在全线所有标段中，第一个实现主线全面贯通；邢衡高速邢台段路面 2 合同在河北省质监站综合大检查中，荣获综合评分第一名的好成绩；张承高速承德段 23 合同荣登全线排名第一，19 合同获得"工地建设劳动竞赛"二等奖，奖金 60 万；张承高速 E 合同获得业主单位颁发的各类锦旗 7 面，在"大干 120 天"劳动竞赛中获得综合评比第一名；邢衡高速路面 5 合同项目部被评为年度邢衡高速公路建设先进施工单位。

公司新技术研发推广取得新进展，共拥有有效专利 30 件，其中发明专利 6 件；实用新型专利 24 件，提交国家专利申请 16 件，"石料整形机"等 6 件实用新型专利获得授权；"500 型连续式大孔隙水泥混凝土拌和楼研究"等成果获河北省交通运输厅科技进步一等奖 1 项，河北省建设厅一等奖 1 项，邢台市科技进步二等奖 1 项、三等奖 2 项。

公司全面强化经营管理模式，保障"三大体系"（质量、环境、职业健康）培训、监督和运行，提升了公司管理体系化、科学化水平。公司进一步完善制度、落实责任、强化管理，加大监督检查和宣传教育力度，多项措施并举，有效地防止各类安全生产事故的发生，实现了全年安全生产。

2014 年　适应新环境　迎接新挑战

2014 年，公司适应新环境、迎接新挑战，开启新征程、展现新风采，在安全生产、经营管理、党建工作等方面取得了重大进展，新兴五大产业初具规模。由于市场竞争空前激烈，工程储备不足，全年中标工程 24 项，中标金额 6.38 亿元。工程建设屡创佳绩，在建项目总合同额为 77.63 亿元；完成投资 27.35 亿元。同时，公司被授予"全国交通运输企业科技创新示范单位"荣誉称号和 2012—2013 年度省级文明单位。

公司全年承建在建工程 43 项，石安高速公路改扩建 KJ6 合同项目部获得主体完工第一名，被筹建处评为"年度施工标准化标杆单位"；邢衡高速邢台段 LM-2 项目部，在交工验收中获得邢台段路面标第一名的好成绩；京石改扩 JS11 合同多次获得筹建处奖励；张承高速公路 TJ5 合同项目部被筹建处评为 2013 年度优胜项目经理部，在承德段"大干 100 天"综合考评中成绩优秀,获得资金奖励;张承高速公路 TJ19 合同在承德段"大干 100 天"劳动竞赛中,获得综合评比二等奖;张承高速公路二期 E 合同项目部在河北省质量安全监督站监督检查和管理处联合总监办进行全线综合考评中,荣获"工程质量优秀单位""安全生产优秀单位"等多项荣誉。

公司加大技术开发投入,完成了 18 件专利评估文件的编制工作,提交专利申请 17 件,授权专利 20 件。"装配式组合钢箱梁设计制造及安装"获一等奖,"公路沥青路面功能层组合结构技术"获得二等奖,"公路多孔改性水泥混凝土基层"获得三等奖,"共振夯实机"获得"2014 年全国交通运输企业科技创新产品奖"。

2015 年　强基固本　改革创新　稳中求进

2015 年,公司继续坚持"两条腿走路"方针,在传统招投标领域和 PPP 市场开发领域承揽工程总额 40.3 亿元,传统项目中标 39 个,深入谈判接洽 PPP 项目 20 余个,保证了公司生产经营的基本需要。各项业务工作全面完成预定目标,全年完成营业收入 22.19 亿元,其中工程产值完成 19 亿元,其他产业完成产值 3.19 亿元。同时,公司成功获得城市园林绿化叁级资质和中国钢结构制造壹级资质,为公司的多元化发展奠定了基础,提高了行业竞争能力。

公司全年共承建在建项目 51 项,在建工程总投资约 43 亿元。张承高速二期 E 合同、张承高速 5 合同、19 合同顺利完工,邢衡二期 6 标、西宁市通海路桥建设工程二标段、新疆石河子养护大中修项目等 7 个项目在多项评比中获得了骄人的成绩,提升了公司形象,在行业内赢得了良好口碑。

公司新技术研发推广取得新进展,完成了"多孔改性水泥混凝土复合沥青排水路面技术研发"等 3 个项目的鉴定验收和成果登记,成果水平均为国内领先;"空间滚擦石料整形筛分成套设备"获得河北省交通运输厅科技进步一等奖,申请并获得 4 件专利授权,完成了湖北汉川荷莎公路新型路面试验段等 5 个新签约项目。

公司对总部各科室职责进行了重新划分和优化,增设了内部机构融资办和行政科,成立了开发经营科并与工程管理技术服务公司合署办公,专项负责工程的招投标、PPP 工程以及国外工程的开发,各科室职责划分以及人员配备更加明晰、合理。公司加强制度建设,对原有的制度进行了清理归纳,根据管理需要出台了《财务管理及会计核算制度》《工程施工分包管理制度》《对外出租设备管理办法》等一系列制度,对完善内部控制起到了重要作用。公司建立目标管理考核机制，明确各单位主要管理人员的主体责任和奖惩措施，强化员工的责任意识，促进各项工作的开展。公司在做好传统招投标工作的同时，积极谋划、大胆布局，在15个省（自治区、直辖市）开设了办事处，深化参与PPP项目建设的层次，与知名咨询公司形成了战略合作，在政策学习、风险控制等方面积累了宝贵的经验。公司加强融资筹资和财务管理力度，积极和全国各商业银行、非银行金融机构等建立客户渠道，进一步降低融资成本。

2016年　为打造全国一流的现代化路桥集团奋斗

2016年，公司以市场为导向，向管理要效益，在甘肃、安徽、北京等15个省（自治区、直辖市）成立了子公司或市场开发办事处，面向全国的市场布局初步形成。公司全年中标项目47个，中标总金额21.4亿元，超额完成了年初制定的10亿元目标。主要工程建设项目顺利推进，在建工程投资额49.8亿元，完成产值20亿元。

公司全年共承建在建项目51项。西藏贡泽项目部克服高原缺氧、地质条件复杂、对当地情况不熟悉等重重困难，在与全线强手如林的央企、省企竞争中多次拔得头筹，将邢台路桥的良好声誉牢牢地印在了西藏交通建设管理者的心里；承德机场连接线项目部面对极度困难的局面，成功打赢了时间战，时任邢台市市长董晓宇考察承德机场项目时，也高度赞扬了邢台路桥的硬朗作风；漯河市沙河沿岸综合整治PPP项目获得漯河市环保评比第一名；宁津县乡村公路改造项目为公司开展乡村公路改造业务积累了宝贵经验；张承高速承德段TJ5合同、邢衡高速邢台段连接线等18项工程顺利完工，张承高速5标和19标、京石高速11标、邢衡高速3标等4个项目均被授予河北省安济杯奖和邢台市金牛杯奖；新疆S201线大中修工程在竣工验收评比中综合排名第一，在新疆交通运输厅信用评级中获得AA评价。

公司科技创新与应用迈上新台阶，获授权发明专利7件，发布了《公路装配式组合钢箱梁设计规范》和《公路装配式组合钢箱梁制造与安装规程》2个地方标准，主编发布河北省地方标准9部，参编交通行业标准1部。公司技术中心通过年度技术中心评审，保持了省级认定企业技术中心的资格。

公司全面加强制度建设，全年印发和完善各类制度18项，涉及机械设备管理、财务管理、用工管理、行政管理等方面，日常管理和项目管控取得了明显进步，逐步走向科学化、规范化。公司狠抓安全生产工作，扎实开展"安全生产月""安全知识竞赛"等活动，加强人员安全意识，实现了全年无人身伤亡事故的目标，安全生产的稳定形势得到了持续保障。公司通过引进"钉钉"电子平台，上下交流更加顺畅，审批效率大大提高。

2017年　深化改革协调推进综合提升　开启邢台路桥变革发展的新征程

2017年，公司发展史上不平凡的一年。公司深化改革、协调推进、综合提升，各项业务指标全面提升，实现了跨越式的进步，开启邢台路桥变革发展的新征程。公司全年中标项目70个，市场开发签约额突破143亿元，完成综合产值45亿元，各工程项目人均产值、利润率逐步接近行业平均水平，各生产经营单位全部实现盈利，公司实现了整体扭亏为盈，开启了邢台路桥变革发展的新征程。

公司全年共承建在建项目141项。其中：西藏贡泽公路项目顺利完工，进度质量均居全线前列，连续两年获得样板工程奖，成为全线的标杆项目，深得业主信赖，先后有3个项目中标落地，为公司扎根西藏市场提供了前提保障；邢台市环城公路项目首次尝试大项目部管理新模式，改变了原有建制，多公司、多部门形成合力，在有限的时间里完成了不可思议的工程量，创造了环城速度，弘扬了路桥精神；新疆乌奎项目在各项评比中多次获得第一名的好成绩，有力推动了公司在新疆业务的开展；四川仁沐高速、漯河、宁津、阜平、国道308等项目有序推进。

公司建立起以目标考核为核心的绩效管理和激励机制，出台了《绩效管理办法（试行）》，实行督导和定期考核，最大限度调动起干部员工的积极性。公司启动信息化平台建设，以财务信息化为先导，组建信息化办公室，全面推进信息化工作。公司通过公开竞聘，选拔年富力强、能力突出的干部到部室负责人关键岗位上，形成竞争上岗成主流，轮岗交流成常态，双向选择成趋势的用人导向。公司启动"综合管理体系提升"项目，由原来的事业单位企业化管理模式向现代企业模式转变，初步建立起现代企业管理框架，定岗定编逐步推进，使公司的管理与运行更加合理。

2018年　深化改革　砥砺前行　转型发展　持续跨越

2018年，公司认真贯彻落实中央、省委、市委关于全面深化改革的精神，积极迎接挑战与考验，既有市场范围进一步扩大，全年中标项目67个，实现市场开发总额135亿元，完成产值71亿元，顺利拿下了李春奖，获评河北省技术创新中心，成功获得公路施工总承包特级资质、公路行业甲级设计资质，成为邢台地区唯一一家具有特级资质的施工企业，实现了邢台市建筑业发展史上特级资质的零的突破，标志着邢台路桥迈进了全国建筑施工企业的"第一方阵"。

公司全年共承建在建项目 118 项。其中：京港澳高速公路石安改扩建 6 合同，获得国家公路建设行业最高质量奖——"李春奖"；西藏贡泽公路项目与安徽舒城 S317 改造工程，获得了邢台市金牛杯奖及河北省安济杯奖；环城公路建成通车，以 15 个月时间完成 30 个月的施工任务，提前实现了通车；隆尧德昔线改扩建工程项目争分夺秒、攻坚克难，用 18 个月完成了 36 个月施工任务，为"世界李氏宗亲大会"的顺利召开献上了一份大礼；京秦高速项目部克服施工难度大、资金短缺等情况，提前 1 年完工；漯河牡丹江路沙河大桥项目填补了公司在水下钢栈桥、桥墩桩基钻孔平台、箱梁小支架平台作业等方面施工的空白，项目竣工后赢得漯河市好评；新疆乌奎 2 标项目部在各项评比中均获得了优异成绩，被新疆交通运输厅评为建设杯优胜单位和先进项目部；西藏贡泽公路项目与安徽舒城 S317 改造工程均获得邢台市金牛杯奖及河北省安济杯奖，提升了公司形象。

公司科技创新工作再上新台阶，再次获评省级最高研发平台——河北省钢混组合桥梁技术创新中心，成为本年度河北省交通行业唯一入选的企业，成功打造公司钢桥智能制造新名片。公司完成省级重点研发项目 1 项，签订 3 项市级科技项目任务书；发布河北省地方标准 1 部；通过交通运输部行业施工工法评审 1 部；获得实用新型专利 3 件，外观设计专利 1 件，公司拥有专利增至 71 件。

公司提升企业管理水平，明确了发展方向，制定了《总体战略发展规划纲要（2018—2020）》，确立了"一主两翼多辅"的多元化产业发展方向和总公司的"战略管控型"模式。公司改变传统市场开发模式，传统项目市场开发责任主体下放各分（子）公司的举措，充分调动了分（子）公司的积极性和主动性，超额完成市场开发任务目标，保证来年工程施工任务。公司实现工程项目信息化，合同管理、成本控制等模块相继上线，工程项目管理信息化建设已具备上线试运行条件。公司依托信息化建设，对人力资源管理进行优化和梳理，建立了人才库。

2019 年　深化改革　优化管理　巩固成果　提升质量

2019 年，公司紧紧围绕党的十九大精神和习近平新时代中国特色社会主义思想，深入贯彻新发展理念，完善各项改革措施，提前一年实现了市场开发和综合产值"双百亿"战略，市场开发总额 108.5 亿元，综合产值 102 亿元。

公司市场开发再获新突破。浙江省牛头山通景公路工程PPP项目和银屏山隧道项目的中标，标志着公司成功打入了长三角区域；陕西省周至县农村生活污水治理工程PPP项目的中标，标志着公司正式融入国家乡村振兴战略。

公司全年共承建在建工程101项。其中：河北省重点项目北京新机场北线高速公路项目，成为公司建设史上首条当年开工当年通车的高速公路项目，受到河北省党政主要领导好评；帕米尔高原新疆布红项目部不惧环境恶劣，迎难而上，施工进度始终保持在全线前列，受到业主单位高度认可；西藏肖经东章专用公路项目和国道219线项目海拔高、地形复杂，2个项目部克服恶劣的环境，完成各项节点工程；京哈高速桥面铺装病害治理工程和河道水系景观提升工程，均荣获邢台市金牛杯奖及河北省安济杯奖；国道G340项目获得京津冀协同发展交通一体化重点建设项目劳动竞赛先进企业奖；新疆乌奎项目在全疆"品质工程"评比中获得第二名的好成绩；四川仁沐新高速项目部被授予全国青年安全生产示范岗称号。

公司科技创新再上新台阶，新增授权专利2件，专利总数达到73件，发布行业工法和地方标准各1部，2项科技成果获省部级科技进步奖。

公司打造多元化融资体系，降低融资成本，综合统筹运用票据、数据链、政策性贷款等融资方式，设立资金管理中心，提高了资金管控能力和使用效率。公司对照现代化企业人力资源管理，结合自身特点，进一步规范人力资源管理工作，实现人才招聘、轮岗、培训、选拔、成才全过程综合提升。公司深入推进校企融合，提高科技创新水平，联合清华大学、河北工业大学等高校开展技术合作研究。公司信息化管理系统正式上线，实现了线上统一招投标，完成浪潮系统财务软件模式升级，更加适应公司业务处理的需要。公司延伸公司产业链，控股河北航东建设工程有限公司，弥补了在房建和钢结构资质上的短板，探索了公司管理新模式。

2020年　站在新起点　绘就新蓝图

2020年，是国家"十三五"规划的收官之年和"十四五"规划布局之年。公司深入贯彻落实党的十九大及历次全会精神，稳步推进企业转制改革，积极防范新冠疫情，紧紧围绕"巩固提升"目标，以市场为导向，向管理要效益，全年中标项目60个，实现市场开发总额104.5亿元，完成综合产值120.83亿元。

公司全年共承建在建工程85项。大厂高速南宫连接线工程、赞皇县公路桥梁工程

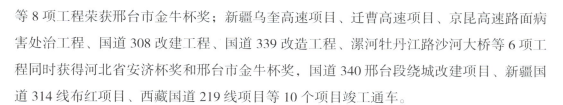

等 8 项工程荣获邢台市金牛杯奖；新疆乌奎高速项目、迁曹高速项目、京昆高速路面病害处治工程、国道 308 改建工程、国道 339 改造工程、漯河牡丹江路沙河大桥等 6 项工程同时获得河北省安济杯奖和邢台市金牛杯奖，国道 340 邢台段绕城改建项目、新疆国道 314 线布红项目、西藏国道 219 线项目等 10 个项目竣工通车。

公司创新成果再创佳绩，全年新申请专利 21 件，获授权 9 件；申请科技项目 15 项，验收 13 项；主编行业施工工法 3 部，首次获批行业优秀工法 1 部。公司成功获批国家高新技术企业，荣获河北省科技进步二等奖 1 项，首次参编修订的国家标准《钢结构焊接标准》通过专家审查。

公司改制方案获邢台市政府正式批复，国企改制工作全面启动，公司从全民所有制转为国有独资企业，员工从事业单位身份转为公司合同制。公司围绕业务发展和经营需要，对内部组织架构进行调整优化，组建城建分公司、整合四公司与千山公司、成立河北旭庭房地产公司、整合建筑公司与桥梁构件公司、成立七里河产业园筹备专班、组建绿建产业创新园等，通过资源整合，各项工作系统性进一步增强。公司信息化建设水平明显提高，工程管理精细化持续深入，广联达项目管理系统全面上线。公司优化财务信息化管理系统，巩固提升公司会计核算标准，推动公司业财一体化管理体系的建立，助力公司信息化，提升公司整体精细化管理水平。企业大学培训工作初步展开，进一步提高职工学习意识和业务水平。公司聘请专家对机制建设内容等进行了专项宣贯、培训、全面梳理指导。

2021 年　继往开来谱写新篇　奋力开启高质量发展新征程

2021 年，公司深入贯彻落实党的十九大精神，不断提高政治站位、抢抓市场机遇、完善投资运营机制、强化经营管理，实现"十四五"良好开局，市场开发得到新突破，经营业绩稳步提高。公司全年中标项目 83 个，实现市场开发总额 114.1 亿元，完成综合产值 90.59 亿元，投资类项目完成投资 50.13 亿元。

公司全年承建在建工程 85 项，完成产值 79.7 亿元，实现利润 4.86 亿元。其中：国道 G340 绕城改建项目、大兴国际机场北线高速公路项目、邢东新区振兴一路道路建设项目获得河北省安济杯奖、邢台市金牛杯奖；三里河东路及配套工程获得六安市建设工程"皋城杯"；河北雄安绿博园邢台园获得雄安郊野公园大奖、特等奖、金奖共计 13 项；迁曹高速公路项目、新疆 S21 阿勒泰至乌鲁木齐高速公路项目、雄安郊野公园邢台展园、邢台市东环城水系建设工程等 18 个重点项目竣工通车或投入运营。

公司科技创新再创佳绩，授权 11 件（其中发明专利 3 件）组织完成市级科技项目验收和成果登记 3 个，获批公路工程行业工法 1 部，4 项 QC 成果荣获河北省交通运输协会优秀成果，被推荐为省优秀 QC 成果 1 项，公司被中国产学研合作促进会评为"中国产学研创新示范企业"；"新型钢混组合结构桥梁建造关键技术与产业化应用"获河北省科技进步二等奖；钢混组合桥梁创新团队获邢台市科技创新先进集体。装配式混凝土 3D 打印拱桥在河南漯河落成。

2021 年，公司坚决落实国企改革三年行动实施方案，顺利完成改制工作，企业类型由"全民所有制"变更为"有限责任公司"，提高国有资本配置和运行效率，全面提升企业核心竞争力。公司市场开发实现新突破，施工足迹覆盖全国 26 个省（自治区、直辖市）。公司通过信息化、精细化，促进工程管理水平提升，推进项目管理系统与财务系统的集成，提高工程项目管控效率。多措并举开展人才招聘，深入优化薪酬绩效制度，提高集团人员的专业技术水平，进一步推动"人才梯队体系化建设"。公司顺利完成 2020 年度"用人单位劳动保障审查"，被评为诚信等级 A 级企业；获得河北省建筑业先进施工企业、河北省建筑业 AAA 企业、河北省"守合同重信用"企业等奖项。

2022 年　奋进新征程　书写新篇章　绘就新时代高质量发展蓝图

2022 年，是国企改革三年行动收官、实施"十四五"规划承上启下的关键之年。公司全年中标项目 90 个，实现市场开发总额 134.27 亿元，完成营业收入 127.54 亿元。其中：工程产值 80.77 亿元，投资类项目 34.51 亿元，各生产经营类公司产值 12.26 亿元，主要经济技术指标稳中有升。公司在市国资委 7 家重点骨干企业考核中获 A 级等次，荣获公路施工企业全国综合信用最高评级 AA 级，在云南、安徽、江西等省份获评企业信用 AA 级、A 级，成功实现集团市政一级资质分立工作，取得水利贰级资质和叁级电力资质，获得公路路基路面、桥梁、交安专业养护资质，通过省市级资质核查认定工作，为公司高质量发展赢得了更大的市场空间。

公司全年承建在建工程 170 项。新机场北线高速公路廊坊段、国道 G340 邢台段绕城改建工程等 6 个项目荣获河北省安济杯奖；安徽舒城三里河东路及配套工程荣获安徽省黄山杯奖；邯郸东湖大桥提前 4 个月完成建设任务，创下四项"河北省第一"；河北省第六届园林博览会邢台园建设项目圆满完成，惊艳亮相沧州；甘肃王夏高速、新疆阿乌高速等 67 个重点项目竣工通车或投入运营。

第三章　组织管理

公司科技创新成绩斐然，荣获中国公路学会优秀科技成果奖和河北省"燕赵杯"BIM 技术应用大赛成果奖，完成省市级科技项目申请 13 项、验收 7 项，授权专利 9 项，其中发明专利 2 项。钢混组合桥梁、土壤固化、赤泥综合利用等在多个项目试点应用，橡胶改性沥青在邢台市 G515 国道施工图设计中实现应用。

公司健全董事会架构，保障经理层经营自主权，全面推进制度体系建设。公司围绕主业深化改革发展，推进管理体系和管理能力现代化，国企改革深入推进三年行动主体任务顺利收官。公司构建标准化招采平台，严管细控项目及团队组建，组织开展劳动竞赛，工程建设品质全面提升。公司抓好投资类项目前期管理，落实项目分项交工分项运营，建立健全政府付费工作机制，提高资金使用效率。公司充分发挥信息化对企业发展的引领作用，提升项目管理系统和业财集成系统建设应用水平。公司找准地产业务发展方向，对资本、土地资源、管理人才进行优化整合，成立地产事业部，激活存量土地，发挥资源效能。开展薪酬福利改革，落实人才强企战略举措，强化人才任用，提高队伍综合素质。公司荣获第十八届全国交通企业管理现代化创新成果二等奖、首届全国交通企业智慧建设创新实践优秀案例、河北省大学生结构设计竞赛企业突出贡献奖、邢台市建筑业先进企业等荣誉。

第五节　科技创新

公司坚持把"创新驱动，科技引领"作为企业发展的根本，在低碳建材、长寿命透水路面、混凝土 3D 打印、海绵城市建设、桥梁工业化、建筑工业化、被动式建筑、河道治理等方面，形成了成套的先进技术。

一、创新影响力

2016 年，公司拥有的"全透水道路结构""生态微渗河渠防护技术""装配式组合钢箱梁"3 项技术成功入选第二届中国创新创业成果交易会。这是由国家发改委、中国科协、中国工程院、广东省人民政府等联合举办的创新领域的顶级会议。5 月 28 日，《经济日报》综合版、国务院门户网站也刊登了公司的该项技术。

2016 年，公司的 3 项技术——"透水道路结构关键技术""装配式组合钢箱梁""生态微渗河渠防护技术"入选 2016 年第二届中国创新创业成果交易会；2 项技术

"多孔改性水泥混凝土"和"排水沥青路面"入选住建部海绵城市建设先进技术与适用产品推广目录。

2017年,公司的3项技术"多孔改性水泥混凝土基层""排水式沥青路面""生态微渗防护河渠"入选中国市政工程《海绵城市建设实用技术手册》。

2019年,公司主办了河北省钢混组合桥梁技术创新中心建设启动会暨钢混组合桥梁技术研讨会,邀请了3位中国工程院院士周绪红、岳清瑞、张喜刚,4位中国工程设计大师王用中、陈宜言、韩振勇、徐升桥,40余位行业知名专家、300余位参会代表参加本次会议,赢得了社会广泛关注,极大地提高了公司在全国的影响力。

二、科技成果

公司主持或参与科研项目80余项,其中达到国际领先或国际先进水平的科研成果40条项,获省部级科技进步奖8项。2014年,公司4项成果入选交通运输部交通运输建设科技成果推目录。2016年,公司3项技术入选第二届中国创新创业成果交易会,2项技术入选住建部海绵城市建设先进技术与适用产品推广目录。公司科技成果详见表3-1。

科技成果一览表　　　　表3-1

序号	成果名称	成果等级	获奖情况
1	自密实免振捣混凝土组成设计	国内先进	2006年邢台市三等奖
2	提高石料与沥青黏附性技术	国内领先	2008年邢台市三等奖
3	公路彩色纳米釉波形梁钢护栏	国内领先	2006年河北省交通运输厅三等奖
4	下承式钢管混凝土提篮拱桥轴线的控制研究	国内领先	2008年河北省交通运输厅二等奖
5	500型连续式大空隙水泥混凝土拌和楼研究	国内领先	2013年河北省交通运输厅一等奖
6	公路混凝土桥面、混凝土桥梁护栏、混凝土路缘石养护憎水处理技术	国内领先	2012年邢台市一等奖
7	大体积混凝土施工技术研究	国内先进	2013年邢台市二等奖
8	彩色路面应用技术研究	国内领先	2012年邢台市三等奖
9	薄层沥青路面结构优化与各结构层功能研究	国际先进	2012年河北省交通运输厅一等奖
10	高摩阻改性沥青路面研究	国内领先	2012河北省交通运输厅一等奖
11	公路沥青路面功能层组合结构技术	—	2012年河北省三等奖
12	高性能水泥混凝土技术及应用	国内先进	2013年邢台市三等奖
13	温拌沥青混合料技术研究	国际先进	2010年河北省三等奖
14	长寿命新型多孔透水性基层材料路面结构研究	国际先进	2011年河北省二等奖

续上表

序号	成果名称	成果等级	获奖情况
15	钢箱叠合梁结构力学性能研究	国际领先	
16	装配式组合钢箱梁生产线及安装技术研究	国际领先	
17	公路路面防水抗裂层材料研究	国际先进	2013年邢台市二等奖
18	道路沥青新材料及特性路面解决方案研究	国际先进	2013年河北省三等奖
19	改性水泥混凝土新型路面材料研究	国际先进	2014年邢台市一等奖
20	空间滚擦石料整形筛分成套设备研究	国际先进	2015年河北省交通运输厅一等奖
21	多孔改性水泥混凝土复合沥青排水路面技术研发	国内领先	
22	基于不同沥青路面结构层性能要求的聚合物复配改性沥青材料研究	国内领先	
23	拱桥拆除施工技术数值模拟及监控系统研究	国内领先	
24	生态便捷新型钢箱叠合跨线桥梁关键技术研究	国内领先	
25	公路拓宽新旧路新型联接结构及其应用技术开发	国内领先	
26	高速公路改扩建互通立交桥快速修建关键技术研究	国际先进	
27	基于累积损伤的沥青路面永久变形性能研究及工程应用	国内领先	2016年邢台市一等奖
28	（薄膜混凝土）压注土石桩成桩机理与承载性能研究	国际先进	2017年邢台市一等奖
29	足尺寸路面四季综合性能试验仪	国内先进	2017年河北省厅二等奖
30	液压伸缩式可控制矢量熨平板研究	国内领先	
31	电石灰改善稳定低塑性土应用技术研究	国内领先	
32	FRP组合梁桥设计与快速施工关键技术研究	—	
33	路基快速稳定施工关键技术研究	国际先进	2019年度中国交通运输协会三等奖
34	混凝土件（梁）液压模板成套系统研究项目	国内领先	
35	桥梁用波形钢腹板制造及安装成套技术研究	国内领先	
36	大厚度厂拌水泥冷再生基层施工研究	国内领先	
37	极冻地区低温环境下沥青路面基层施工技术研究	国内领先	
38	钢-混凝土组合桥梁成套施工技术与装备研发	国际先进	
39	免维护全钢闭合波形钢腹板组合箱梁制造施工技术研究	国内领先	2019年中国公路建设行业协会二等奖
40	中国与主要发达国家交通基础设施建设PPP模式比较研究	国内领先	
41	特种水泥基复合材料3D打印成套技术与应用	国际领先	
42	常规跨径钢混组合结构桥梁建造关键技术与产业化应用	国际先进	2020年度河北省科技进步二等奖

续上表

序号	成果名称	成果等级	获奖情况
43	拌和站除尘系统升级改造技术研究	国内领先	
44	装配式组合钢箱梁施工规程和示范工程研究	国际先进	
45	装配式组合钢箱梁设计与制造规程研究	国际先进	
46	钢筋笼自动焊接机性能提升改装研究	—	
47	泡沫沥青冷再生基层施工技术研究	—	
48	钢渣填筑路基关键技术研究	国内领先	
49	聚乙烯醇纤维增强水泥稳定碎石基层抗裂性能研究	国内领先	
50	尾矿砂填筑高速公路路基关键技术及工程应用	国内领先	
51	基于工字钢梁下钢混组合结构混凝土模板施工技术研究	国内领先	
52	基于数字图像技术的沥青混合料均匀性实时检测与评价技术研究	国内领先	
53	高速公路低冰点沥青混合料的研发及工程应用	—	
54	河塘软土路基处理及环保快速施工技术研究	—	
55	多孔改性水泥混凝土复合沥青排水路面推广应用	—	
56	热再生绿色环保新型沥青搅拌站研究	—	

三、专利技术

公司获得国家专利授权97项，其中发明专利30项，是国内唯一一家集波形钢腹板科研、投资、建设、设计、施工、制造和运维全产业链的大型国有企业。公司有效专利见表3-2。

有效专利一览表　　　　　　　表3-2

序号	专利名称	专利类型	专利号
1	路面结构层	发明	2004100568919
2	一种彩色功能路面	发明	2005101062114
3	一种彩色功能路缘石	发明	2005101131468
4	公路防水抗裂层	发明	2009101754452
5	一种应力吸收带的施工方法	发明	2009100745437
6	一种公路路面薄面结构	发明	2009101754467
7	一种合理控制区域内路面应力吸收层设计厚度的方法	发明	2012101305031
8	压注成型土石复合桩基用的复合注压管	发明	2012101304999

续上表

序号	专利名称	专利类型	专利号
9	快速成桩的方法及利用该方法快速搭建城市立交桥的方法	发明	2012101304984
10	一种治理公路桥头跳车的施工方法	发明	2012104746799
11	钢筋混凝土预制引桥及其施工方法	发明	201210131388X
12	一种抗扭的装配式钢箱组合梁及其制造方法	发明	2014102446318
13	一种小型桥涵的钢混组合梁板结构	发明	2014102446356
14	一种拼装式波形钢腹板箱梁及其制造方法	发明	201410244677X
15	组装式钢制一体桥梁	发明	2015100575588
16	集成式空间石料整形筛分系统	发明	2013104574424
17	一种石料筛分系统	发明	2013104577193
18	钢混多室梁板底板及其加工工艺	发明	2014107771630
19	装配式钢箱组合梁用底箱的加工方法	发明	2013103706356
20	钢制隐形盖梁及其安装方法	发明	2015100182201
21	组装式钢混拱形桥T梁板	发明	2015100480094
22	一种钢箱式复合梁的成型方法	发明	2013103706286
23	小跨径的钢混复合桥梁板及其施工工艺	发明	2014107775275
24	组装式钢混T型梁	发明	2014107775519
25	一种公路工程路面的升降式钻孔系统	发明	2019110256943
26	一种路桥避震支座及其安装方法	发明	2020101839071
27	一种路桥排水装置及其使用方法	发明	2020101832015
28	一种道路桥梁施工用混凝土检测装置及其使用方法	发明	2020101839141
29	一种复合改性水泥胶黏剂及其制备方法和应用	发明	2021103260814
30	一种路面结构胶黏剂、多孔混凝土基层和透水路面	发明	2021101138697
31	一种装配波腹板用定位机构	实用新型	2013205167863
32	装配式钢箱复合梁的波腹板及底箱的组合装配系统	实用新型	2013205167990
33	钢箱式组合梁箱体生产线用分料转运系统	实用新型	2013205168033
34	装配式钢箱复合梁的组合装配系统	实用新型	201320516800X
35	一种装配式钢箱复合梁的加工系统	实用新型	2013205168048
36	波形钢腹板成型系统	实用新型	2013205168014
37	装配式钢箱组合梁用底箱的加工系统	实用新型	201320516783X
38	用于碎石整形设备的上料斗机构	实用新型	2013203305888
39	石料整形机	实用新型	201320330545X
40	一种带有在线除尘装置的碎石整形系统	实用新型	2013204761638
41	一种带有风干装置的在线洗石机	实用新型	2013204762768
42	一种溜筛装置	实用新型	2013206104857

续上表

序号	专利名称	专利类型	专利号
43	一种复合筛分装置	实用新型	2013206107569
44	一种水洗筛分装置	实用新型	2013206195409
45	一种集成式空间石料整形系统中的整形装置	实用新型	2013206105120
46	一种拼装式波形钢腹板箱梁底板箱	实用新型	2014202937404
47	一种钢-混组合桥涵面板	实用新型	2014202942690
48	一种拼装式波形钢腹板箱梁	实用新型	2014202937724
49	组装式钢制桥梁墩柱	实用新型	2015200784841
50	拼装式钢制组合桥墩	实用新型	2017203996827
51	一种装配式钢-混结构的地下管廊	实用新型	2017205477891
52	拼装房	外观设计	2017306558374
53	一种整体预制拼装房	实用新型	2017218000734
54	多路恒流LED驱动电源	实用新型	2017201119572
55	LED贴片机送料装置	实用新型	2017201119286
56	贴片机扩充式贴装头	实用新型	2017201119676
57	LED车灯驱动电源	实用新型	201720111977X
58	LED车灯单元	实用新型	2017201119765
59	太阳能路灯使用的LED驱动电路	实用新型	2017213378775
60	钢结构焊缝自动检测系统	实用新型	2018220260664
61	预制桥面板吊装设备	实用新型	2019206713636
62	铣刨刀具和铣刨鼓	实用新型	2019206551665
63	混凝土桩头处理装置	实用新型	2019206539377
64	钢箱梁斜腹板疲劳试验装置	实用新型	2019210676165
65	吊钩防脱装置	实用新型	2020202214896
66	3D打印装配式轻型拱桥	实用新型	2020202145557
67	桁架式钢混组合箱型通道	实用新型	2020202084394
68	装配式桥梁	实用新型	2020206426600
69	一种袋装水泥转化散装水泥的装置	实用新型	2020209604493
70	胶黏剂生产输送设备	实用新型	2020209377837
71	一种固体沥青融化池	实用新型	2020209606709
72	排水沟反冲洗自净系统	实用新型	2020210251505
73	一种具有排水功能的透水砖	实用新型	2020211097285
74	步道板铺放装置	实用新型	2020212175370
75	一种园林排水沟	实用新型	2020210240163
76	摊铺机及其覆膜装置	实用新型	2020217856458

续上表

序号	专利名称	专利类型	专利号
77	一种沥青混凝土搅拌站用能够定量加水的搅拌机	实用新型	202020178075X
78	一种搅拌站加工空气扬尘除尘装置	实用新型	202020555288X
79	一种拌和站溢料自动转运装置	实用新型	2020205432318
80	一种拌和站实现低温拌和的装置	实用新型	2020205436395
81	一种搅拌站粉尘处理回收装置	实用新型	2020205437063
82	一种用于沥青搅拌站的烟气过滤装置	实用新型	2020205438263
83	一种拌和站电缆过桥安装结构	实用新型	2020205544243
84	一种沥青混合搅拌罐	实用新型	2020205553242
85	一种桁架工字钢组合型施工支架	实用新型	2020205553914
86	一种联肢模块化装配式钢结构房屋	实用新型	2020200655771
87	多孔透水路面系统	实用新型	2020224557272
88	钢混组合梁板和钢混组合桥梁	实用新型	2020226000653
89	预制箱梁内模结构	实用新型	2021218499946
90	生态透水园林道路	实用新型	2021218105906
91	箱梁模板单元	实用新型	2021227373114
92	市政透水排水道路结构	实用新型	202123432819X
93	预制桥墩立柱与承台的承插式组合连接结构及桥梁	实用新型	2021234340543
94	全装配式绝缘防护棚洞	实用新型	2022207137170
95	波纹腹板埋弧焊接机	实用新型	2021227058919
96	一种薄壁墩蒸汽养护装置	实用新型	2021233335285
97	一种装配式钢波纹板地下通道	实用新型	2022228044636

四、行业论著

公司利用在研发成果和施工管理方面的优势，和同济大学、东南大学、河北省交通运输厅等多家单位组织编写了行业论著5部，其中路基路面领域1部、钢混组合结构领域3部、标准化施工指南1部。这些论著对于推动行业发展，起到了示范引导的作用。

五、施工工法

公司多年来对项目管理和技术经验进行了系统的提炼、整理和总结，申报获批施工工法13项，其中行业工法12项、省级工法1项，为行业的发展提供了重要支撑。公司施工工法见表3-3。

公司施工工法清单　　　　　　　　　　　　　　　　　　表 3-3

序号	工法名称	批准年度	工法编号	工法归属	备注
1	多孔改性水泥混凝土基层施工工法	2008	GGG（冀）B1038—2008	行业	
2	流态水泥粉煤灰台背回填施工工法	2009	GGG（冀）A1001—2009	行业	
3	石灰粉煤灰稳定砂路拌施工工法	2009	GGG（冀）B1030—2009	行业	
4	高速公路循环水灌法填砂路基施工工法	2009	GGG（中企）A2007—2009	行业	
5	公路防水抗裂层施工工法	2011	GGG（冀）B3—2011	行业	
6	彩色树脂路面施工工法	2012	GGG（冀）B3041—2012	行业和省级	
7	土方隧道大断面稳定围岩中隔壁锁脚小导管四步支护施工工法	2012	CG12085	省级	
8	电石灰改善稳定低塑性土施工工法	2019	GGG（冀）A1006—2018	行业	
9	免维护全钢闭合波形钢腹板组合箱梁制造施工技术研究	2019	GGG（冀）C3213—2019	行业	
10	装配式混凝土 3D 打印拱桥施工工法	2020	GGG（冀）C3247—2020	行业	优秀行业工法
11	多孔改性水泥混凝土复合沥青透水路面施工工法	2020	GGG（冀）B4122—2020	行业	
12	激振夯实使路基快速稳定施工工法	2020	GGG（冀）A1009—2020	行业	
13	热泼中碱性钢渣填筑路基施工工法	2021	GGG（冀）A1026—2021	行业	

六、创新平台

公司贯彻落实"创新驱动、科技引领"的发展理念，发挥国有企业创新主体地位，坚持面向行业科技发展前沿、面向生产经营重大需求、面向从业人员生命健康，集聚各类创新要素，在基础设施建设、公共交通运营安全等方面开展科研攻关，搭建国家高新技术企业、硅酸盐建筑材料国家重点实验室工程材料新技术研发中心、交通运输部公路设施使用状态监测与养护保障核心技术协同创新中心、河北省钢混组合桥梁技术创新中心、河北省省级企业技术中心、建筑 3D 打印河北省工程研究中心等多层级创新平台，以改革创新推进企业绿色发展。

七、交流合作

公司常年和同济大学、东南大学、长安大学等知名高校开展合作科研攻关，沙庆林、周绪红、岳清瑞、张喜刚 4 位中国工程院院士，李守善、王用中、韩振勇、陈宜言、徐升桥 5 位全国工程设计大师,以及等百余位国内知名专家、学者先后来公司考察交流。2019 年 11 月 2 日,公司主办河北省钢混组合桥梁技术创新中心建设启动会暨钢混组合桥梁技术研讨会,周绪红院士、岳清瑞院士受聘为河北省钢混组合桥梁技术创新中心名誉主任。

八、规范标准

公司积极参与标准化工作,在路基路面、钢混组合桥梁、海绵城市建设领域,为推动行业发展和规范施工,积极投身标准化工作,主编、参编国家标准 1 部、行业标准 2 部、河北省地方标准 13 部、团体标准 2 部。公司发布实施的行业、地方标准一览见表 3-4。

公司发布实施的行业、地方标准一览表　　　　　表 3-4

序号	标准名称	标准级别	标准号
1	公路工程 废胎胶粉橡胶沥青	行业标准	JT/T 798—2011
2	透水混凝土	行业标准	JC/T 2558—2020
3	公路路面多孔改性水泥混凝土基层施工技术规程	地方标准	DB 13/T 1419—2011
4	公路沥青路面防水抗裂层设计施工技术规范	地方标准	DB 13/T 1506—2012
5	公路多孔改性水泥混凝土基层沥青路面设计规范	地方标准	DB 13/T 1790—2013
6	公路排水式沥青面层组合和旧路面养护改善工程设计施工技术规范	地方标准	DB 13/T 1834—2013
7	公路过渡段卧板组合设计施工技术规范	地方标准	DB 13/T 1835—2013
8	在线石料水洗机	地方标准	DB 13/T 2003—2014
9	既有城市道路立体交通组织规划设计指南	地方标准	DB 13/T 2192—2015
10	公路装配式组合钢箱梁设计规范	地方标准	DB 13/T 2372—2016
11	公路装配式组合钢箱梁制造与安装规程	地方标准	DB 13/T 2373—2016
12	公路波形钢腹板预应力混凝土组合箱梁桥设计与施工规范	地方标准	DB 13/T 2466—2017
13	公路钢混凝土组合梁桥设计与施工规范	地方标准	DB 13/T 2686—2018
14	公路波纹管涵洞设计与施工规范	地方标准	DB 13/T 5079—2019
15	钢-混凝土组合桥面板设计与施工规范	地方标准	DB 13/T 5315—2020
16	公路波形钢腹板组合桥梁技术规程	团体标准	T/CECS G：D60-30—2020
17	3D 打印混凝土拌和物性能试验方法	团体标准	T/CCPA 34—2022（T/CBMF 184）

第六节　企　业　形　象

公司加强企业文化建设，树立企业品牌形象。邢台路桥建设集团有限公司的LOGO采用上下结构，上半部分为圆形徽标，象征企业的向心力，同时圆形又犹如一轮红日初升，象征企业蓬勃朝气；下半部分为"邢台路桥"的文字变体，由一笔结构构成，一气呵成象征企业的一脉传承、永续发展。徽标部分使用橙色和蓝色的对比颜色，橙色呈现出企业的活力与健康，蓝色则代表企业的科技水平与专业效率。徽标图形选用路和桥的变形形状，强调路桥企业本质正是架桥铺路。整体结合后，公司的LOGO既有积淀又有活力，能够给大众留下深刻印象。详见图3-1。

a)　　　　　　　　　　　　　　b)

图 3-1　邢台路桥建设集团有限公司的 logo

第四章

公司大事记

◎ 1994 年 ◎

2月，公司第一次进入河南市场，承揽国道311线扶沟至大王庄段，以及洛界路项城至沈丘段工程第 B4 合同段。

6月，公司第一次承揽河北高速项目——石安高速公路 E 合同。

◎ 1996 年 ◎

2月，公司与香港鸿泰工程公司合作成立了"邢台鸿奇公路开发有限公司"，招商引资2000多万美元，用于107国道建设。

2月，公司召开了项目副经理以上人员参加的动员大会，号召广大干部职工以最好的质量、最快的速度建设107复线。107复线各经理部夜以继日，修复水毁，摊铺路面，于12月2日实现107复线邢台段建成通车，高质量、高速度完成了这项河北省交通厅和邢台市的重点工程。

3月，公司召开了党委扩大会，传达了河北省交通厅、邢台市政府和邢台市交通局交通工作会议精神，并提出要抓住交通发展的机遇，充分利用良好的公路建设环境，广泛开展"质量年"活动，力争1996年工程质量优良率达到100%。

3月，公司根据邢台市交通局党委《关于在市局和局直单位实施"形象工程"的意见》要求和会议精神，在全公司范围开展实施"形象工程"活动。

3月，公司第一次开展关于工程进度和工程质量检查评比情况。

6月，公司召开107线项目经理会，要求在继续开展质量、进度、设备竞赛的基础上，对交通部提出的公路工程八项通病，在107国道邢台县段的建设中必须予以根治，保证目标工期的实现，加强后期工程外观质量控制，确保将该工程建成河北省优质工程。

7月，公司第一次承揽辽宁高速京沈高速公路三合同。

8月，公司成立邢台路桥公司筑机研究所。

8月，在邢台107国道白马河抗洪抢险战斗中，公司党委组织党员干部职工连续奋战四天四夜，修复通了白马河路段，被河北省委省政府和邢台市委市政府分别授予"抗洪抢险先进集体"，2人获邢台市五一劳动奖章。

9月，公司制定1996—2000年社会治安综合治理五年规划。

10月，公司制定法制宣传教育的第三个五年规划。

11月，公司召开党委扩大会，传达《关于在全市交通系统开展向李素丽同志学习活动的安排意见》，号召全公司党团员积极响应邢台市交通局党委号召，把开展向李素丽学习活动同向石晨英学习活动结合起来，树立全心全意为人民服务的思想，造就一支高素质的职工队伍，为邢台交通事业的发展作出新的贡献。

11月，公司获得1996年度河北省交通系统科技工作先进集体称号，李殿双、石晨英2位同志获得1996年度河北省交通系统先进科技工作者称号。

◎ 1997年 ◎

3月，公司印发《科技工作管理办法（试行）》。

5月，公司印发《关于设立邢台市路桥建设总公司基建办公室的决议》。

7月，公司印发《鸿天国际工程有限公司第一次董事会会议纪要》。

12月，公司成立机制改革领导小组。

12月，公司购置第一座田中3000型拌和楼。

◎ 1998年 ◎

2月，股份合作一公司成立工会委员会，召开职工代表选举大会。

2月，公司成立机械运输管理站，聘任机械运输管理站领导班子。

2月，公司印发《关于设立邢台市路桥建设总公司物业公司的决议》。

10月，公司获得公路工程施工总承包资质壹级。

11月，公司建立健全内审机构。

12月，公司印发《优质工程奖励补贴试行办法》。

◎ 1999年 ◎

1月，公司印发《关于九八年度开展兑现工程奖惩准备工作的通知》。

1月，公司印发《关于兑现1998年度工程质量奖的通知》。

2月，公司制定ISO 9002质量体系认证工作1999年度的计划安排。

6月，公司开展"股份制改革规范年"活动。

10月，公司先后委派孙彬朝同志组团赴巴基斯坦进行工程考察，委派李来宾同志组团赴柬埔寨和孟加拉国进行工程考察。

10月，公司研究制定《柬埔寨1号公路工程项目内部合作协议》。

11月，公司研究制定《马来西亚沙巴州斗湖机场二级公路工程项目施工内部承包协议》。

12月，公司研究制定《设立劳动就业服务中心草案》。

12月，公司印发《关于收购贵州乐天利投资顾问有限公司部分股份的决定》《关于收购北京思博斯投资顾问有限公司部分股份的决议》。

◎ 2000年 ◎

1月，公司印发《关于授予石晨英等三名同志第二批"特殊贡献奖"的决定》。

4月，公司印发《关于修订安全生产制度的通知》。

4月，公司印发《关于总公司领导班子成员分工的通知》《关于成立安全生产领导小组的通知》。

7月，公司第一次进入江苏市场，承揽G205线改造工程B合同。

◎ 2001年 ◎

1月，公司印发《关于发放2000年度优良工程质量奖的通知》。

3月，公司上报《委派李殿双、许祥顺赴孟加拉参加公路投标资审的请示》。

3月，公司第一次承揽青海高速项目——青海省马场垣至平安高速公路土建工程第二合同段。

5月，公司印发《关于召开2001年大学生招聘会的通知》。

8月，公司上报《关于拟派李来宾赴泰国进行工程建设洽谈的请示》。

9月，公司印发《关于调整职称职务工资、岗位工资的通知》。

◎ 2002年 ◎

4月，公司获得公路施工总承包壹级，路基、路面、桥梁资质壹级。

4月，公司印发《关于召开管理评审会的通知》。

5月，公司印发《关于新办公楼物业管理收费的暂行规定》。

7月，公司印发《关于落实劳动工资暂行办法指导意见的通知》。

7月，公司印发《关于总公司机关科室、机运公司、物业公司定编定员的通知》。

2003 年

1月，公司印发《试验管理制度》。

2月，公司先后印发《设立邢台路桥建设总公司沥青供应科的决议》《设立邢台路桥建设总公司油料供应科的决议》。

4月，公司印发《关于成立工程质量督查组的通知》。

6月，公司印发《关于试行岗位、单项工程责任书的通知》。

7月，为更好地开展安全生产活动，进一步提升公司安全管理水平，公司成立安全生产科。

8月，公司明确安全生产科职责。

10月，公司对现行《环境、职业安全健康管理手册》进行更改。

2004 年

3月，公司研究制定《2004年质量目标、2004年职业安全健康管理目标、2004年环境管理目标》。

3月，公司印发《关于发放邢台路桥建设总公司公路工程适用的有效技术标准规范的通知》。

3月，公司印发《合理化建议和科技创新奖励管理办法》。

7月，公司获得公路交通工程专业承包交通安全设施资质。

8月，公司上报《出租车服务中心建立党支部的批示》。

8月，公司成立"邢台路桥职工奖学助学互助会"。

9月，公司研究制定《2004年度管理评审计划》。

12月，公司通过全国第一批交安安管三类人员考核。

2005 年

1月，公司印发《2004年度合理化建设和创新活动奖励》。

2月，公司印发《统一出差补贴规定》。

2月，公司上报《建筑施工企业安全生产许可证申请表》。

2月，公司获取安全生产许可证。

3月，公司正式启动改制程序申请。

4月，公司制定开发七里河设想。

4月，公司发布2005年度培训计划。

10月，公司发布2005年优秀技工名单。

◎ 2006 年 ◎

4月，公司出台《企业年金方案》《带薪年休假暂行规定》《孝道基金暂行办法》。

4月，公司制定邢台路桥建设总公司五年发展规划。

5月，公司出台《邢台路桥创业投资有限公司第一期（2006）投资托管方案》。

8月，公司开展"学技术、争一流、创效益、做贡献，为实现十一五交通规划建功立业"劳动竞赛活动的实施方案。

9月，公司印发《事业单位岗位设置管理试行办法实施意见》。

11月，公司印发《材料管理制度、采购管理制度、劳务分包管理制度》。

12月，公司设立企业技术中心。

◎ 2007 年 ◎

7月，公司出台《事业单位岗位设置管理试行办法》。

8月，公司印发《落实生产经营单位安全生产主体责任暂行规定》。

12月，公司印发《考勤请销假、病假待遇暂行规定》。

2007年，机械公司购置4台徐工951A摊铺机、2台新筑9500AI摊铺机。

◎ 2008 年 ◎

1月，公司印发《财务管理及会计核算制度暂行办法》《统计管理办法》。

3月，公司成立综合督察组。

3月，公司印发《机械设备管理办法》。

5月，公司获批公路养护施工二类甲级资质。

6月，公司授权综合督察组进行奖惩。

7月，公司出台《关于引进资金合资筹建沙河沥青有限公司的意见》。

9月，公司组织开展七里河住宅小区、商业小区征名活动。

12月，公司印发《干部廉洁制度（草案）》。

12月，公司第一次进入湖北市场，承揽随岳高速公路湖北省北段交通安全设施工程SYBJA-2合同段。

2009年

2月，公司印发《关于设立七里河小件预制厂的决议》。

2月，公司印发《关于成立固定资产报废处理领导小组的决定》。

4月，公司印发《专业技术职务聘任暂行办法》。

4月，公司印发《关于设立七里河污水处理工程管理处的决议》。

4月，公司印发《专利管理制度》。

7月，公司印发《外租机械设备管理办法》。

7月，公司印发《机械设备管理办法》《劳务分包管理暂行规定》。

8月，公司修订《岗位能力准则》。

9月，公司印发《关于建立健全权力运行监控机制工作实施办法》。

2010年

1月，公司启用会计电算化，"用友"软件正式上线，从此结束手工记账方法。

3月，公司印发《年度考核暂行办法》。

3月，公司印发《停薪留职暂行办法》。

4月，公司印发《关于设立邢台路桥建设总公司青海分公司的决议》。

5月，公司上报《关于增设总公司机关科室（部门）的请示》，印发《新技术推广应用管理办法（试行）》。

10月，公司成立审计科，科长张世英。

11月，公司印发《"十一五"工作总结及"十二五"规划》。

2010年，公司承揽的"一城五星"工程，是邢台市委、市政府的重点项目工程，是邢台发展大局的具体体现；公司建成的卫运河大桥是邢台市第一座大跨径水泥混凝土桥梁，完成了市委市政府、市局交付的重要任务。

2010年，公司完成交通工程10个合同，业务额达1500万元，同比有了新起色；养护工程量大幅度增加，全年养护合同额完成42130万元，实现了企业产业的初步转型。

2010年，公司承建七里河综合治理工程取得阶段性成果，区域环境彻底改善，完成投资6.28亿元，百泉大道主线全部贯通通车，完成辅道23.1千米；滨河道自新华路至西三环全部贯通；16千米长河道已经具备蓄水条件，10千米河道已成功蓄水，形成了161万平方米的水面；完成绿化168万平方米，市容恢复了蓬勃生机，成为邢台市的一大亮点。

2010年，公司岗位创新、合理化建议活动继续有效开展，共收到合理化建议和岗位创新项目150项，其中87项得到采纳实施，很大程度上提高了工程质量、降低了工程成本、加快了施工进度，创造直接经济效益2567.5万元。

2010年，公司获得全国公路施工企业综合信用评级AA级企业。

2010年，公司荣获河北省文明单位、河北省"五一劳动奖状"；投资200多万元，进行技术培训6000余人次；召开了全省新技术经验交流现场会；连续多年未出现重大责任事故。

2010年，公司购置中大DT1600（5台）、酒井SW800N、徐工120双钢轮压路机、卡特PM200（2台）。

◎ 2011年 ◎

1月，公司获得隧道工程专业承包壹级资质。

2月，公司印发《项目成本控制管理暂行办法》。

3月，公司印发《效益责任管理暂行办法》《工资、效益工资分配暂行办法》《"特殊贡献奖"试行办法》《年度考核暂行办法》。

3月，公司成立邢台路桥建设总公司"群众工作室"。

4月，公司被邢台市地方税务局评为2010年度"纳税50强"荣誉称号。

5月，公司印发《岗位工资系数补充规定》《物资供应公司效益责任管理暂行办法》。

7月，公司获得公路养护施工壹类资质。

8月，公司成立新疆阜康产业园中区防洪工程项目部。

10月，公司获得市政公用工程贰级资质。

11月，公司印发《关于廉租房试行办法》《关于小区房屋转让暂行规定》。

12月，公司进行关于七里河综合治理工程情况的专题汇报。

第四章 公司大事记

◎ 2012 年 ◎

1月，公司印发《关于做好 2011 年度效益工资分配工作的通知》。

1月，公司印发《工资、效益工资分配暂行办法》《关于〈年度考核暂行办法〉补充规定（一）的通知》。

6月，公司发布《关于印发〈安全技术交底制度〉等三项制度的通知》。

7月，公司发布《关于适用的法律、法规和其他要求清单等五项受控文件的通知》。

8月，公司第一次进入内蒙古市场，承揽音德尔至江桥一级公路交通安全设施工程。

8月，公司上报《关于信达资产管理公司收购七里河工程项目银行贷款解决方案的报告》。

10月，公司制定了 2013 年招聘计划。

12月，公司在农发行贷款余额保持为 9 亿元。

2012 年末，公司资产总额达 83.84 亿元。

2012 年，公司被授予 2010—2011 年度"河北省文明单位""邢台市文明单位""河北省青年文明号"等荣誉称号。国家统计局数据显示，邢台路桥公司入围 2011—2012 年度"中国建筑业 500 强企业"，位居全国第 203 名。

2012 年，公司承建的邢汾高速 5 标项目部在多次考核中名列前茅，被筹建处评为"突出贡献单位"，予以全线通报表扬，并奖励 70 万元。

2012 年，石安改扩建 KJ6 合同项目部被评为石安高速标杆单位，获奖励 50 万元，并在河北省质量监督站检查评比中排名第一。

2012 年，承秦高速 LM1 合同项目经理部被全线通报表彰，并奖励 20 万元；大广高速白洋淀支线 LQ1 项目部在指挥部组织的 2012 年"三百"劳动竞赛中，评为"百日决战优秀施工单位"。

2012 年，承秦高速 LM1 项目部建造的中间分隔带混凝土护栏质量优异，被河北省交通运输厅副厅长潘晓东、河北省高速公路管理局副局长王国清评价为"全省第一"，该项目部被评为先进项目部。

2012 年，在邢衡高管处第二次综合检查中，邢衡高速 8 标、14 标分别被评为第一、第三名，受到邢衡高管处通报表彰。

2012 年，设备科开展新型专利技术——"一种随机选料筛"的研发推广工作。该

专利已推广到京珠高速改扩建工程的 19 个标段。同时，足尺路面综合性能试验仪与混凝土恒应力恒应变疲劳试验仪的研制接近尾声。这 2 套设备的成功研制，为公司的科技研发提供了强有力的设备支撑。

2012 年，西柏坡高速 S4 合同项目部攻克了挂篮施工工艺的难题，为今后挂篮施工积累经验。项目部在筹建处组织的年度综合质量评比中获得第一名，业主单位发专函至总公司进行通报表扬，在竣工验收评比中，荣获河北省交通运输厅和石家庄市政府联合颁发的"西柏坡高速建设先进单位"称号，河北省委常委、石家庄市委书记孙瑞斌同志在通车典礼上为项目部颁发了证书。

◎ 2013 年 ◎

4 月，公司成立绩效管理工作领导小组。

5 月，公司第一次进入山东市场，承揽金乡县开元大道工程。

6 月，公司制定《平台贷款还款方案》。

7 月，公司印发《关于组建南宫桥梁构件有限公司的通知》。

7 月，公司上报《关于成立邢台路桥桥梁构件有限责任公司的请示》。

10 月，公司发布 2014 年招聘计划。

12 月，公司纪委印发《关于转发〈违规发放津贴补贴行为处分规定〉的通知》。

2013 年末，公司资产总额增至 92.5 亿元。

2013 年，公司获得全国公路施工企业综合信用评级 AA 级企业。

◎ 2014 年 ◎

1 月，公司以售后回租形式向平安国际融资租赁有限公司融资。

2 月，公司制定《劳务分包与农民工工资管理暂行规定（讨论稿）》。

4 月，公司印发《施工生产安全事故应急救援预案》。

4 月，公司与贵州省 BOT 级高级公路建设投资项目建立合作关系。

4 月，公司上报《关于在蒙古国新设成立新黑石集团开展经营活动的请示》。

5 月，公司设立首个河北省外办事处（安徽办事处）。

8 月，公司上报《关于加入中国对外承包工程商会的申请函》。

8 月，公司印发《特种设备安全管理制度》。

第四章　公司大事记

9月，公司第一次进入江西市场，承揽江西昌泰高速公路改建项目交通安全设施工程。

10月，公司印发《关于成立安全生产委会及任命安委会管理人员的通知》。

11月，公司首个投资建设的PPP项目——河北迁曹高速公路京哈高速至沿海高速段项目。

11月，公司成立安徽分公司。

2014年末，公司资产总额增至93.12亿元。

2014年，公司新建、修订、完善了《重大事项决策程序制度》《项目融资投资管理制度》《机械管理制度》《工程施工管理制度》《招聘程序》等规章制度，制度体系进一步完善，管理的规范化、科学化水平进一步提高。

◎ 2015年 ◎

1月，公司获得安全生产标准化证书。

1月，公司印发《关于成立桥梁项目部的通知》。

2月，公司市场开发板块划归下属工程管理技术服务公司全面负责管理，马超祥为市场开发板块负责人。

5月，公司印发《关于工程欠款催收办法》。

5月，公司印发《关于工程施工分包管理制度》《工程成本核算管理办法》。

5月，公司上报《投资成立全资子公司的请示》。

5月，公司印发《关于机关部门及人员编制和总公司科室职责的通知》。

7月，公司第一次进入宁夏市场，承揽宁夏公路管理局石嘴山分局2015年养护大中修一期工程第一合同段。

7月，公司成立新疆城市综合发展项目克拉玛依市新建道路——幸福路西延段3标段项目部。

7月，公司首次完成债券市场AA评级。

9月，公司成立钢结构公司、水利工程公司。

10月，公司成立市政工程公司。

10月，公司获得钢结构制造企业壹级资质。

10月，公司成立水泥制品和新型建筑材料公司。

11月,公司成立照明科技公司。

11月,公司成立园林绿化公司。

12月,公司与新疆永升集团和新疆交通科学研究院组成联合体,顺利签订战略合作框架协议。

12月,公司资产总额达89.68亿元。

2015年,公司传统项目市场开发额16.3亿元,PPP项目40.3亿元。

2015年,公司印发《机关科室职责》,增设了内部机构融资办和行政科;将工程科的工程投标职能划分出来,成立开发经营科并与工程管理技术服务公司合署办公,专项负责工程的招投标、PPP工程以及国外工程的开发,工程管理科专注工程的建设管理和成本核算,各科室职责划分以及人员配备更加明晰、合理。

2015年,公司发布实施了《既有城市道路立体交通流组织规划设计指南》,其中包括河北省地方标准1项。同年,公司中心试验室与同济大学、长安大学、西安科技大学等高校科研机构合作开展了"钢桥面聚合物混凝土铺装"等多项课题研究。

◎ 2016 年 ◎

1月,公司印发《关于2016年赴韩考察交流相关事宜》。

2月,公司发行历史第一笔中期票据10亿元,打开了从资本市场直接融资的大门。

3月,公司印发《关于成立西藏燕赵建设工程有限公司的决定》。

3月,公司第一次进入西藏市场,承揽西藏自治区西藏贡嘎机场至泽当专用公路新改建工程LJ5标段。

4月,公司承揽宁津县村级公路改造工程PPP项目,这是公司在山东开发的首个PPP项目。

4月,公司印发《关于成立准东经济技术开发区分公司的通知》。

5月,公司在上海证券交易所发行第一笔公司债,金额为8亿元。

5月,公司签下河南首个PPP项目——漯河市城乡一体化示范区沙河沿岸综合整治PPP项目。

6月,公司上报《关于漯河市城乡一体化示范区沙河沿岸综合整治PPP项目成立项目公司的请示》。

7月,公司获得公路交通工程(公路安全设施)专业承包壹级资质。

8月，公司印发《关于成立沙河沿岸综合整治PPP项目SG1标项目部的通知》。

8月，公司印发《发票管理暂行规定（试行）》。

9月，公司发行第一笔非公开定向债务融资工具，金额为3亿元。

10月，公司首次承揽新疆高速项目——连霍高速（G30）新疆境内乌鲁木齐至奎屯段改扩建项目第WKGJ-2标段。

11月1日，公司先后印发《关于成立"邢台路桥建设总公司邢台市2016年公路安保工程一标项目部"的函》和《关于成立连霍高速（G30）新疆境内乌鲁木齐至奎屯段改扩建项目第WKGJ-2标段项目经理部的通知》。

2016年末，公司资产总额达102.47亿元。

2016年，公司已经在河南、甘肃、湖北、陕西、安徽、新疆、山西、西藏、山东、宁夏、四川、北京等12个省（自治区、直辖市）成立了子公司或市场开发办事处，面向全国的市场布局已经初步形成。

2016年，公司在各项目建设中，西藏贡泽项目部克服高原缺氧、地质条件复杂、对当地情况不熟悉等重重困难，发扬邢台路桥人敢拼必胜的信念，在全线央企、省企等强手如林的竞争中多次拔得头筹。

2016年，公司购置福格勒2100-3L 4台、瑞典戴纳派克CC6200双钢轮压路机6台。

2016年，公司全年印发和完善各类制度18项，涉及机械设备管理、财务管理、用工管理、行政管理等方面。同时公司综合督查组以及公司纪委、审计、安全、设备等部门对各项目部和总公司机关、各分（子）公司进行了多轮督查，与分公司项目部一起落实各项制度、查找隐患、整改处治，有效提高了公司管理水平。

2016年，公司传统项目市场开发额21.4亿元，荣获"邢台市纳税百强企业"和"河北省建设工程招标投标诚实守信5A级施工企业"荣誉称号。

2016年，公司承建的张承高速承德段丰宁互通至承张界主体土建工程TJ5等2项工程同时获得河北省安济杯奖和邢台市金牛杯奖。

◎ 2017年 ◎

1月，公司获得市政公用工程施工总承包壹级资质。

1月，公司第一次承揽四川高速项目——四川省仁寿至屏山新市公路井研至五指山段。

2月，公司成立法制科。

4月，公司印发《安全生产责任制》，标志着一岗双责的落实迈出了新的一步。

6月，公司印发《固定资产报废、转让管理办法》。

7月，公司成立哈萨克斯坦分公司，与哈萨克斯坦阿斯塔纳市投资发展部就承揽哈萨克斯坦阿斯塔纳二号工业园工程签署合作协议。

10月，公司印发《关于募集资金使用管理制度的通知》。

11月，公司投资建设内蒙古首个PPP项目——省道219线灯笼河子—赤峰段公路工程PPP项目。

11月，公司印发《关于坏账核销管理办法的通知》。

11月，公司首次进入广东建筑市场，承揽东莞市镇际联网路29号路工程二标段。

11月，公司签下新疆首个PPP项目——国道G335公路工程PPP项目。

12月，公司市场开发业务重组后成立市场开发部，马超祥任部室负责人。

2017年，公司承建的承德至秦皇岛高速公路秦皇岛段LM1合同等3项工程获得邢台市金牛杯奖，国道G107线东庞路口至沙河东环段改造工程二合同等2项工程获得河北省安济杯奖。

2017年，公司荣获全国建筑业AAA级信用企业。

2017年，公司传统项目市场开发额23.3亿元，PPP项目市场开发额89.4亿元。

2017年，公司成立安全生产委员会。

◎ 2018年 ◎

1月，公司组织召开部室各部长公开竞聘会和千山公司负责人公开竞聘会。

1月，浪潮财务系统正式上线，实现票财税数据融合，通过高效、精准的数据分析，有效提高企业财务人员的财务管理水平，为企业创造更多的经济效益。

1月，公司就总公司部分部门负责人和部室关键岗位逐次开展内部竞聘活动，通过竞聘，把一批职业素质好、业务能力强、具有进取精神的员工选聘到管理队伍中。

3月，公司印发《关于规范财务业务审批流程的通知》。

4月，公司安全生产科更名为安全环保部。科技部接管三大体系，完成2018年度认证。

4月，公司印发《安全生产目标管理制度》。

5月，公司启用建行等银企直连付款支付方式，资金支付进入信息化时代。

5月，公司印发《安全生产教育培训考核与交底制度》《安全生产监督检查及隐患整改制度》《职业健康保障及劳动防护用品配备、使用管理制度》《施工现场安全文明警示标志标牌管理制度》《安全生产奖惩和责任追究制度》。

5月，公司成立资金中心，标志着公司进入集中支付时代，有利于统筹支配资金，提高资金利用率。

6月，公司承揽云南腾陇高速公路盈江出口延长线PPP项目，这是首个在云南投资建设的PPP项目，标志着公司正式踏入云南市场，市场版图进一步扩大。

6月，公司与建行签订"E信通"业务合作协议，成为河北省内首批应用e信通的企业，授信额度3.3亿元，减轻了企业流动资金压力，全面助力企业长远发展。

7月，公司承建的石安高速公路KJ6合同，凭借优异的工程质量，获得国家公路建设行业最高质量奖——李春奖。

8月，公司承建的环城公路建成通车，全体员工以"千人昼夜奋战，小病不下火线"的路桥精神，用15个月时间完成30个月的施工任务，提前实现了通车，被社会各界、各有关单位赞誉为"环城速度、环城力度、环城精神"。在环城公路工期最紧张的炎夏时节，公司"全民皆兵"，机关全体干部员工与环城项目施工人员一起战高温、斗酷暑，奋战在"旭阳桥大会战"的施工现场，保障了工程的有序推进。

9月，公司承建的廊坊新机场北线高速公路PPP项目成功签约，标志着公司正式参与雄安新区"千年大计"建设，为开拓京津冀建设市场奠定了基础。

9月，公司获得公路工程施工总承包特级、公路设计行业甲级资质。

9月，根据公司经营与管理需要，结合部室负责人考评结果，经公司总经理办公室会议研究，解聘马云飞同志投资项目管理部部长职务，王习哲同志战略发展部、综合管理部部长职务、李亮同志审计部部长职务，王菲同志经营预算部部长职务，聘任王彦辉为工程管理部和经营预算部部长、李亮为人力资源部和战略发展部部长、司魁为风控法务部和综合管理部部长、马朝阳为监察部和审计部部长、王菲为投资项目管理部部长、马云飞为机运公司常务副经理。

9月，公司发行历史首期超短融资券2亿元。

10月，公司领取四川仁沐新高速路面LM4标段中标通知书。该项目为公司在四川中标的第二个传统项目，进一步巩固了公司的四川市场。

10月，公司第一次承揽安徽高速项目——德州至上饶高速公路池州至祁门段。

10月，公司签下云南腾陇高速公路PPP项目，标志着公司正式进入云南市场，市场版图进一步扩大。

10月，公司投资建设河南省镇平县综合体PPP项目。这是公司在河南市场的第三次成功运作，为深耕河南市场，扎根华中地区奠定了坚实基础。

11月，公司第一次承揽甘肃高速项目——甘肃省S38王格尔塘至夏河（桑科）段高速公路路基、桥梁、隧道工程施工招标WXSG-5标段。该项目包含了长隧道与特大桥工程，对公司增加承建高速长隧道与特大桥的工程业绩，意义重大。

12月，公司承建河南漯河牡丹江路沙河大桥。这是漯河市的地标性建筑之一，也是公司承建的第一座水上施工作业的桥梁，填补了公司在水下钢栈桥、桥墩桩基钻孔平台、箱梁少支架平台作业等方面施工的空白。

12月，公司为使员工与单位之间双向选择、使合适的人在合适的岗位，自2018年3月起搭建员工培训教育中心平台，截至12月由平台输出人才308人，实现了管理创新，发挥了人才平台的应有价值。

2018年，公司承建的安徽省舒城县S317公路万佛湖至五显段升级改造工程等2项工程，同时获得邢台市金牛杯奖和河北省安济杯奖，获得A级纳税信用企业评级，被评为"邢台市纳税百强企业"，保持公司主体长期信用等级AA。传统项目市场开发额50亿元，PPP项目85亿元。

◎ 2019年 ◎

1月，公司印发《关于修订信息披露事务管理制度的通知》。

2月，公司荣获邢台市桥东区人民政府颁发"2018年度纳税功勋企业"奖项。

3月，公司印发《关于做好调整安全生产委员会成员的通知》。

4月，公司印发《资金集中管理办法》《安全生产费用提取使用管理办法》。

5月，公司印发《环境保护管理制度》。

7月，公司援藏干部刘杰凯旋。

8月，公司签下安徽首个PPP项目——南陵县G318南（陵）青（阳）线改造工程（一期）PPP项目。

10月，公司印发《劳动用工管理办法补充通知》。

10月，为建立现代企业管理体系，公司启动了"新阶段组织架构评估优化"项目，对管理架构进行了优化。同时，对公司管理层工作分工进行了调整，聘任马超祥为市场开发部部长、王彦辉为工程管理部部长、陶桂锋为安全生产部部长、苏立超为科技部部长、李立国为人力资源部部长、司魁为综合管理部（党群工作部）部长、李运强为财务融资部部长、李亮为战略发展部部长、马朝阳为监察审计部部长、海丽为PPP项目事业部常务副总经理、屈江锋为PPP项目事业部副总经理、王菲为PPP项目事业部副总经理、陈朝军为国有资产管理委员会办公室主任、邢密彩为员工培训教育中心主任、霍玉娴为专家委员会主任、刘杰为科技部副部长、张立江为安全生产部副部长。

11月，公司印发《应收欠款催收办法（试行）》。

11月，公司与斯里兰卡科特市签署邢台路桥与科特市基础设施合作协议。

11月，公司签下浙江首个PPP项目——牛头山通景公路等PPP项目。

12月，公司承揽浙江仙居至庆元公路庆元银屏山隧道工程。

12月，公司承建的G1京哈高速公路京秦段K162+834等26座大中桥沥青桥面铺装层病害治理工程和河道水系景观提升工程围寨河（车站南路—五一桥）段一期（车站南路—开元路段）施工工程，同时获得邢台市金牛杯奖和河北省安济杯奖。公司获评A级纳税信用企业评级、"邢台市纳税百强企业"荣誉称号，保持企业主体长期信用等级AA。公司完成传统项目市场开发额52.2亿元，PPP项目市场开发额56.3亿元。

12月，公司援疆干部韩利芳凯旋。

2019年，公司完成河北省重点项目——北京新机场北线高速公路项目的建设。该项目是雄安新区建设的重要组成部分，成为公司史上首条当年开工当年通车的高速公路项目，受到河北省党政主要领导一致好评。

2019年，公司联合河北工业大学等获批成立"河北省建筑3D打印工程研究中心"，联合河北农业大学开展尾矿资源化利用研究。与清华大学、国家钢结构工程研究中心院士团队打造创新平台，推进钢混组合结构技术的合作研究。

◎ 2020年 ◎

1月，公司安全环保部更名为安全生产部。

1月，公司签下陕西首个PPP项目——西安市周至县农村生活污水治理工程（二期）PPP项目。

1月，公司完成《综合管理手册》编制。

1月，公司成立疫情防控小组。

3月，公司印发《公路施工企业信用评价管理办法（试行）》《投标管理制度》《复工复产疫情防控措施指南》《关于修订环境管理制度的通知》《财务管理制度》《物资采购平台实施方案（试行）》。

3月，公司第一次进入福建市场，承揽翔安机场快速路（大嶝岛段）工程绿化标。

4月，公司印发《中层干部管理办法》。

5月，公司连续四次大规模组织对项目经理、物资负责人、试验员专项特训，颁发结业证书人员214人，建立了一支具备战略思维能力、业务过硬、综合管理及创效能力强的项目队伍。专业技术人员不断更新知识，适应公司不断创新发展的要求，全面提升公司的项目管理水平和经济效益。

6月，公司连接浪潮财务系统和广联达工程软件，实现业财一体化。

6月，公司开展续航计划—物资管理培训会。

7月，公司获得公路养护施工贰类乙、叁类甲资质。

7月，公司印发《安全生产领导包联制度》。

9月，公司第一次进入广西市场，下属子公司航东公司承揽中国正信（苏湾）现代木产业园（56号-197号厂房）工程。

10月，公司第一次承揽贵州高速项目——贵州省黔南州凤山水库工程高速公路改建工程总承包（专项2标）。

10月，公司印发《关于工程项目管理办法（试行）》。

11月，公司签下天津首个PPP项目——南开区海绵城市建设一期PPP项目。

11月，下属道桥公司公路获得工程施工总承包壹级资质。

12月，公司首次承揽山西一级公路项目——G340（原S319）榆社县县城过境段（寨沟隧道）改线工程路基、桥隧施工招标LJ1标段。

12月，公司举办2020年度项目经理特训营。

12月，公司实现浪潮财务系统全覆盖。

2020年，公司承建的漯河市城乡一体化示范区牡丹江路沙河大桥工程建设项目等8项工程，获得邢台市金牛杯奖，迁曹高速公路京哈高速至沿海高速段二合同等6项工程获得河北省安济杯奖，被评为"河北省会计工作先进集体"和"邢台市纳税百强企业"，公司获得 A 级纳税信用企业评级，保持企业主体长期信用等级 AA。

◎ 2021 年 ◎

1 月，公司先后召开"2020 年度绩效工作总结会""十四五规划会"。

1 月，公司印发《关于"2021 年质量管理工作要点"和"2021 年质量目标"的通知》。

2 月，公司召开工资总额启动会。

3 月，公司项目管理信息化范围再扩大，上线邢台路桥招标采购平台。

3 月，公司与农行签订"e 账通"业务合作协议，为省内首批应用"e 账通"的企业，授信额度 1.5 亿元。

3 月，公司在井冈山举办 2021 年度项目经理特训营。

3 月，公司印发《关于对〈安全生产奖惩和责任追究制度〉及〈安全生产领导包联制度〉进行修订的通知》。

4 月，公司印发《分（子）公司市场开发管理办法（试行）》。

5 月，公司印发《项目模拟股份制制度（试行）》。

5 月，公司总会计师赵东尧带领财务融资部参加在石家庄举行的"冀往开来——全国债券投资机构河北地区调研会"。本次会议为邢台路桥设置专场路演推介会，为公司经营发展"冀往开来"提供更稳健的资金保障。

6 月，公司召开"诚信守约活动月"启动会。

6 月，公司举办"邢台路桥杯"河北省高校大学生财务报告分析大赛。公司以冠名比赛形式开展校企合作，在河北高校中提升了公司的知名度，有助于为公司打开人才通道，吸引更多优秀人才，满足公司的人才需求。

6 月，经邢台市国资委批复同意，"邢台路桥建设总公司"由全民所有制企业整体改制为国有独资公司，企业名称由"邢台路桥建设总公司"变更为"邢台路桥建设集团有限公司"，完成事业单位转企改制工作后，整体并入邢台市交通建设集团改为国有全资企业。同时公司设立了董事会和监事会，进一步健全完善国有企业法人治理结构。

7 月，公司承揽湖南省高速项目——湖南省沅陵至辰溪高速公路项目 2 标。

7 月，公司印发《关于邢台路桥建设总公司完成改制及名称变更为"邢台路桥建设集团有限公司"的通知》。

7月，公司与河北科技工程职业技术大学签订战略合作协议，结合该校教学资源，在校企之间开展全方位、深层次、多形式人才培养合作。

8月，公司与天津银行签订"E链保理"业务合作协议，授信额度1亿元。

9月，公司召开战略合作伙伴交流会。

10月，公司人力资源部部长李立国、二公司经理焦习龙代表公司党委领导班子，迎接援疆干部张志凯旋。

2021年，公司组织2018—2021年新入职员工培训，参加培训人员共计185人。

2021年，公司为河北省建筑行业中PPP项目落地最多的企业，共计14个。

◎ 2022年 ◎

1月，新疆S21阿勒泰至乌鲁木齐高速公路通车仪式在五家渠102团收费站举行，邢台路桥作为参建单位出席本次活动。

1月，公司召开2022年工作会议暨职工代表大会。邢台市交建集团党委书记、董事长马骅出席会议并讲话。公司党委书记、董事长苏丹作了题为《继往开来 谱写新篇 奋力开启高质量发展新征程 为建设全国一流现代化建筑业集团而奋斗》的工作报告，回顾过去一年的各项工作，并对2022年工作安排进行汇报。

2月，邢台路桥国道G340邢台段绕城改建工程、新机场北线高速公路廊坊段等6项工程荣获2021年度河北省安济杯奖。

2月，公司召开2022年宣传思想文化暨意识形态工作会议，研究布置宣传工作等。

3月，公司接到清河、沙河等县市建设方舱医院、隔离方舱的紧急任务后，快速响应、迅速备战，从全国范围内组集结精干力量、调配物资机械，火速奔赴施工现场，在方舱建设指挥部领导下，克服诸多困难，保进度、重质量、保安全、严防疫，不分昼夜连续施工，在清河县建设隔离方舱2107套、沙河市建设隔离方舱医院1处，以"路桥速度"高质量、高标准完成了建设任务。

3月，公司在辽宁省交通运输厅公布的2021年辽宁省公路工程设计和施工企业信用评价结果中被评为AA级；在江西省交通运输厅公布的2021年度全省高速公路施工和设计企业信用评价结果被评为A级。

4月，公司召开抗疫救灾经验总结分析会议，复盘近期抗疫援建工作，提升应对重大突发事件能力水平，提高内部团结协作能力。

4月，公司报送的《送你一朵小红花》荣获河北省总工会组织的"永远跟党走 奋进新征程"2021年度河北省职工文化"五个一"精品创作大赛活动微影视作品优秀奖。

4月，邢台市建筑协会发布《关于表彰二〇二一年度邢台市建筑业先进企业、优秀企业管理者、优秀总工程师和优秀项目经理的通知》，公司多位个人和单位荣获优秀企业管理者、优秀总工程师、优秀项目经理和先进企业荣誉称号。

7月，公司援藏干部张立江圆满完成援藏工作，载誉而归。

8月，公司第三次党员代表大会胜利召开。大会回顾总结了五年来的主要工作，明确今后五年发展的指导思想、奋斗目标和重点任务，听取和审查公司党委员会、纪律检查委员会的工作报告；选举产生公司新一届党委员会、纪律检查委员会。

8月，"邢台路桥杯"第五届河北省大学生结构设计竞赛暨第十五届全国大学生结构设计竞赛河北分区赛在河北保定举行。

9月，公司通过2022年河北省企业技术中心评价。

9月，公司工会会员代表大会胜利召开，听取第五届工会委员会工作报告，选举产生新一届工会委员会、经费审查委员会和女职工委员会。

10月，公司承建的河南鹤壁市山城区灾后重建项目——时丰大桥竣工通车仪式隆重举行。

10月，公司承建的舒城县三里河东路及配套工程施工项目经严格评审，获安徽省黄山杯奖。

11月，公司承建的赵王大街东湖大桥提前4个月完成建设任务，顺利通车。该大桥全长398米，宽37米，塔高45米，为钢混凝土组合、双层悬挑共体式双塔双索面斜拉桥，是全国第二座、河北第一座采用此结构的大桥。

12月，公司职工书屋被中华全国总工会授予"2022年全国工会职工书屋示范点"称号。

12月，公司召开专题会议，传达学习中央、省市经济工作会议精神和市交建集团相关要求，结合实际研究部署贯彻落实工作。

附 录

附录 1
公司成立以来的历任领导名录

1987—1989 年
邢台地区公路工程一队
队　　长：石忠武
邢台地区公路工程二队
队　　长：李文山

1990 年
邢台地区公路工程一队
队　　长：郑树林
副队长：王拉牛　马连增
党支部书记：李书孟
邢台地区公路工程二队
队　　长：李来宾
副队长：赵曙东　张　靖
党支部书记：司双印

1992—1993 年
邢台地区公路工程一队
队　　长：郑树林
副队长：王拉牛　马连增
党支部书记：赵曙东
邢台地区公路工程二队
队　　长：李来宾
副处长：张　靖　张耕良
党支部书记：司双印

1994 年
邢台市公路工程一处
处　　长：郑树林
副处长：王拉牛　马连增　许祥顺
　　　　陈英军
党支部书记：金庭广
邢台市公路工程二处
处　　长：李来宾
副处长：张　靖　张耕良　张喜林
　　　　连书维
党支部书记：司双印

附录

1995 年
邢台路桥建设总公司
总　经　理：李来宾（兼总会计师）
副总经理：郑树林（兼总经济师）
总工程师：张连顺（兼）

1996 年
邢台路桥建设总公司
总　经　理：李来宾
党委书记：白金田
副总经理：郑树林
副总经理：张建文（兼总工程师）
副总经理：张耕良
总会计师：曹爱庚
工会主席：马连增

1997 年
邢台路桥建设总公司
总　经　理：李来宾
党委书记：白金田
副总经理：张耕良
副总经理：张建文（兼总工程师）
副总经理：金庭广
总会计师：曹爱庚
工会主席：马连增

1998—2002 年
邢台路桥建设总公司
总　经　理：李来宾

党委书记：白金田
副总经理：张耕良
副总经理：张建文（兼总工程师）
副总经理：石晨英
总会计师：曹爱庚
工会主席：马连增

2003 年
邢台路桥建设总公司
总　经　理：李来宾
党委书记：白金田
副总经理：李殿双
副总经理：张建文（兼总工程师）
副总经理：石晨英
总会计师：曹爱庚
工会主席：马连增

2004—2006 年
邢台路桥建设总公司
总　经　理：李来宾
党委书记：白金田
副总经理：李殿双
副总经理：张建文（兼总工程师）
副总经理：石晨英
工会主席：马连增

2007—2008 年
邢台路桥建设总公司
总　经　理：李来宾

党委书记：石晨英（兼副总经理）
副总经理：李殿双
副总经理：张建文（兼总工程师）
工会主席：马连增

2009 年
邢台路桥建设总公司
总　经　理：李来宾
党委书记：石晨英
副总经理：李殿双
副总经理：郑义坤
副总经理：李利华
工会主席：马连增

2010 年
邢台路桥建设总公司
总　经　理：李来宾
党委书记：石晨英
副总经理：李殿双
副总经理：郑义坤
副总经理：李利华
工会主席：赵宝莲

2011—2012 年
邢台路桥建设总公司
总　经　理：李来宾
党委书记：石晨英
副总经理：李殿双

副总经理：郑义坤
副总经理：李利华
副总经理：李文清
工会主席：赵宝莲

2013—2014 年
邢台路桥建设总公司
总　经　理：李来宾
党委书记：石晨英
副总经理：李殿双
副总经理：郑义坤
副总经理：李利华
副总经理：李文清
副总经理：陈大伟
工会主席：赵宝莲
纪委书记：杜　宁

2015 年
邢台路桥建设总公司
总　经　理：宋田兴
党委书记：石晨英
副总经理：李殿双
副总经理：郑义坤
副总经理：李文清
副总经理：陈大伟
工会主席：赵宝莲
纪委书记：杜　宁

附录

2016—2017 年
邢台路桥建设总公司
总 经 理：马　骅
党委书记：石晨英
副总经理：李殿双
副总经理：郑义坤
副总经理：陈大伟
总工程师：李文清
总会计师：赵东尧
工会主席：赵宝莲
纪委书记：杜　宁

2018—2020 年
邢台路桥建设总公司
总 经 理：马　骅
党委书记：石晨英
副总经理：李殿双
副总经理：郑义坤
副总经理：陈大伟
总工程师：李文清
总会计师：赵东尧

2021 年
邢台路桥建设总公司
总 经 理：马　骅
党委书记：石晨英
副总经理：李殿双
副总经理：郑义坤
副总经理：陈大伟

总工程师：李文清
总会计师：赵东尧
总经济师：薛庆志
纪委书记：王　胜

2022 年
邢台路桥建设集团有限公司
党委书记、董事长：苏　丹
总 经 理：王庆杰
监事会主席：郑义坤
副总经理：李恒达
副总经理：王彦辉
总工程师：李文清
纪委书记：王　胜
总会计师：薛庆志
总经济师：米海丽

2023 年
邢台路桥建设集团有限公司
党委书记、董事长：苏　丹
总 经 理：王庆杰
党委副书记、监事会主席：郑义坤
副总经理：李恒达
副总经理：王彦辉
总工程师：李文清
纪委书记：王　胜
总会计师：薛庆志
总经济师：米海丽
工会主席：马　焱

附录 2
先进集体和先进个人荣誉榜

一、国家级工程建设荣誉

2004 年

津蓟高速公路 11 合同　　　　　　国家工程建设质量奖审定委员会国家优质工程银质奖

2006 年

河北邢临高速公路一期一合同　　　　　　全国公路重点工程劳动竞赛优胜奖

2008 年

沈阳至大连高速公路改扩建工程
　　　　　　　　　　　　国家工程建设质量奖审定委员会国家优质工程金质奖

2009 年

沈阳至大连高速公路改扩建工程
　　　　　　　　　　　　中国公路建设行业协会公路交通优质工程奖一等奖

2013 年

河北省邢台市七里河水环境治理暨健身绿道建设项目
　　　　　　　　　　　　　　　　　住房和城乡建设部中国人居环境范例奖

2015 年

河北省邢台市七里河水环境治理暨健身绿道建设项目　　水利部国家水利风景区

2017 年

河北省石家庄至磁县（冀豫界）公路改建工程 KJ6 项目
　　　　　　　　　　　　　　　中国公路建设行业协会 2016—2017 年度李春奖

二、全国交通系统先进集体

2017 年
邢台路桥环城公路前期施工指挥部　　　　　　　　全国青年安全生产示范岗
2019 年
邢台路桥建设总公司　　　　　　　　全国交通运输行业 2018—2019 年度文明单位
2021 年
邢台路桥建设集团有限公司　　　　　　　　全国交通运输文化建设优秀单位
　　　　　　　　　　　　　　　首届全国交通企业智慧建设创新实践优秀案例
　　　　　　　　　　　　　　　第十八届全国交通企业管理现代化创新成果二等奖

三、交通运输部、中国建筑业协会、中国质量诚信企业协会、中国施工企业管理协会、中国品牌价值评估中心、中国品牌 315 保护委员会、中国建筑业合作平台建设行业企业联盟等先进集体

2010 年
邢台路桥建设总公司　　　　　　　　全国公路施工企业综合信用评级 AA 级企业
2012 年
邢台路桥建设总公司　　　　　　　　2011—2012 年度中国建筑业 500 强企业
2013 年
邢台路桥建设总公司　　　　　　　　全国公路施工企业综合信用评级 AA 级企业
2014 年
邢台路桥千山桥梁构件有限责任公司
　　　　　　　　中国质量诚信 AAA 级品牌企业、全国质量信用双保障标杆企业
2017 年
邢台路桥建设总公司　　　　　　　　　　　　　　中国建筑企业 500 强
2018 年
邢台路桥建设总公司　　　　　　　　全国建筑业诚信安全质量管理 AAA 企业
2020 年
邢台路桥建设总公司　　　　　　　　全国建筑业 2017 年度至 2020 年度 AAA 级信用企业

2021 年

邢台路桥建设集团有限公司　　　　　　　全国公路施工企业综合信用评级 AA 级企业

2022 年

邢台路桥建设总公司　　　　　　　　全国建筑业 2020 年度至 2023 年度 AAA 级信用企业

四、全国总工会、中华全国妇女联合会、中国海员建设工会先进集体

2008 年

邢台路桥中心实验室　　　　　　　　　　　　全国"三八红旗集体"

2015 年

邢台路桥中心实验室　　　　　　　　　　　　全国五一巾帼标兵岗

　　　　　　　　　　　　　　　　　　　　　全国"三八红旗集体"

2022 年

G340 邢台段绕城改建工程项目经理部

　　　　　　　　　　　　　　　　　　　　中国海员建设工会全国委员会

京津冀协同发展交通一体化建设全国引领性劳动和技能竞赛 2020 年度优秀项目部

五、全国交通系统劳动模范

1998 年

石晨英　　　　　　　　　　　　　　　　全国交通运输系统劳动模范

2009 年

石文军　　　　　　　　　　　　　　　　全国交通运输系统劳动模范

六、中华全国总工会先进个人

2009 年

高　红　　　　　　　　　　　　　　　　全国女职工建功立业标兵

七、全国交通系统先进个人

2009 年

李文清　　　　　　　　　　　　　　　　全国交通运输系统优秀项目经理

| 安　刚 | 全国交通运输系统优秀项目经理 |
| 李利华 | 公路交通优质工程奖工程项目经理 |

2021年

| 王　志 | 全国交通运输文化建设先进个人 |

八、河北、浙江、辽宁、云南、安徽、四川、新疆、西藏等省（自治区、直辖市）交通运输厅、河北省建筑业协会、河北省建设工程招标投标协会、河北省企业信用协会等先进集体

2010年

| 邢台路桥建设总公司 | 河北省公路施工企业综合信用评级 AA 级企业 |

2011年

| 邢台路桥建设总公司 | 河北省公路施工企业综合信用评级 AA 级企业 |

2013年

| 邢台路桥建设总公司 | 河北省公路施工企业综合信用评级 AA 级企业 |

2015年

| 邢台路桥建设总公司 | 河北省建设工程招标投标诚实守信 5A 级施工企业 |
| | 四川省公路施工企业综合信用评级 AA 级企业 |

2016年

| 邢台路桥建设总公司 | 河北省建设工程招标投标诚实守信 5A 级施工企业 |
| | 新疆公路施工企业综合信用评级 AA 级企业 |

2017年

邢台路桥建设总公司	河北省建设工程招标投标诚实守信 5A 级施工企业
	河北省公路施工企业综合信用评级 AA 级企业
	西藏公路施工企业综合信用评级 AA 级企业

2018年

邢台路桥建设总公司	河北省公路施工企业综合信用评级 AA 级企业
	安徽省公路施工企业综合信用评级 AA 级企业
	新疆公路施工企业综合信用评级 AA 级企业

2019 年

邢台路桥建设总公司	河北省守合同重信用 AAA 企业
	河北省公路施工企业综合信用评级 AA 级企业
	安徽省公路施工企业综合信用评级 AA 级企业
	四川省公路施工企业综合信用评级 AA 级企业
	新疆公路施工企业综合信用评级 AA 级企业

2020 年

邢台路桥建设总公司	河北省守合同重信用 AAA 企业
	河北省公路施工企业综合信用评级 AA 级企业
	浙江省公路施工企业综合信用评级 AA 级企业
	新疆公路施工企业综合信用评级 AA 级企业

2021 年

邢台路桥建设集团有限公司	河北省守合同重信用 AAA 企业
	河北省建筑业 2021 年度至 2024 年度 AAA 级信用企业
	河北省公路施工企业综合信用评级 AA 级企业
	浙江省公路施工企业综合信用评级 AA 级企业
	辽宁省公路施工企业综合信用评级 AA 级企业
	云南省公路施工企业综合信用评级 AA 级企业
	安徽省公路施工企业综合信用评级 AA 级企业

2022 年

邢台路桥建设集团有限公司	河北省公路施工企业综合信用评级 AA 级企业

九、河北省建筑协会省建设工程安济杯奖（省优质工程）

2016 年

张承高速承德段丰宁互通至承张界主体土建工程 TJ5
承德至张家口高速公路承德段单塔子至丰宁互通主体土建工程 TJ19 标段

2017 年

国道 G107 线东庞路口至沙河东环段改造工程二合同
张承高速公路崇礼至张承界段主体土建工程 E 标段

2018 年

安徽省舒城县 S317 公路万佛湖至五显段升级改造工程

西藏自治区国道 349 线泽当至贡嘎机场段第五合同段项目工程

2019 年

G1 京哈高速公路京秦段 K162+834 等 26 座大中桥沥青桥面铺装层病害治理工程

河道水系景观提升工程围寨河（车站南路—五一桥）段一期（车站南路—开元路段）施工工程

2020 年

漯河市城乡一体化示范区牡丹江路沙河大桥工程建设项目迁曹高速公路京哈高速至沿海高速段二合同

连霍高速（G30）新疆境内乌鲁木齐至奎屯段改扩建工程 WKGJ-2 标段

国道 G339 滨州港至榆林公路邢衡界至淡河大桥段改造工程二标段

G308 国道冀鲁界至南宫段改建工程四合同

京昆高速公路石家庄段路面病害处治工程 SJZDLM-1 工程

2021 年

新机场北线高速公路廊坊段二合同

国道 G340 邢台段绕城改建工程

阜平县苍山西路（含苍山中路部分路段）建设项目

邢东新区振兴一路（泉北大街至中兴大街）道路建设工程

308 国道南宫至石邢界段改建工程二合同

舒城县三里河东路及配套工程施工

十、河北省绿化委员会、河北雄安绿博园筹建工作领导小组等荣誉奖项

2021 年

邢台展园	河北雄安郊野公园城市展园建设大奖
	河北雄安郊野公园最佳城市展园特等奖
邢台展园项目	河北雄安郊野公园最佳施工质量金奖
邢台展园"国医馆"	河北雄安郊野公园最美建筑特等奖
	河北雄安郊野公园室内设计布置金奖

	河北雄安郊野公园最佳运营大奖
邢台展园"造型油松"	河北雄安郊野公园最美景观（花草）树金奖
	邢台展园"组团院落"河北雄安郊野公园最美建筑特等奖
	邢台展园"湖心岛"河北雄安郊野公园最美花坛花境金奖
邢台展园"河照亭"园路	河北雄安郊野公园最美园路（道路）金奖
邢台展园"连廊"	河北雄安郊野公园室外设计布置金奖
邢台展园"鹊湖桥"	河北雄安郊野公园最美桥梁特等奖
邢台展园"乡愁保护点"	河北雄安郊野公园最美建筑金奖

十一、其他省级工程建设荣誉

2002 年

津蓟高速公路	天津市建设工程"海河杯"奖

2003 年

青海马平高速公路二合同	青海省建设建筑工程"江河源杯"奖

2004 年

沈大高速公路改扩建路面工程	辽宁省交通运输厅先进单位

2005 年

西宁市南绕城快速路湟水河大桥	青海省建设建筑工程"江河源杯"奖

2010 年

大广高速京衡段 LM12 标项目部
　　　　　　河北省高速公路管理局"百日会战"劳动竞赛"突出贡献单位"

2012 年

西柏坡高速 S4 合同项目	河北省交通运输厅"西柏坡高速建设先进单位"

2018 年

新疆连霍高速乌奎改扩建第二合同段　　　新疆维吾尔自治区交通运输厅、
　　　　　　新疆维吾尔自治区总工会"丝路交通杯"建设杯优胜单位

邢台环城四分部	河北省优胜质量科技成果奖

2019 年

河北省邢台市七里河水环境治理暨健身绿道建设项目

　　　　　　　　　　　　　　　　河北省河湖长制办公室河北省秀美河湖

连霍高速乌奎改扩建第二合同段

　　　　　　　　　　　　　　新疆维吾尔自治区"丝路交通杯"安康杯优胜单位

2020 年

连霍高速乌奎改扩建第二合同段

　　　　　　　　　　　　　新疆维吾尔自治区"丝路交通杯"农民工技能竞赛优胜单位、

　　　　　　　　　　　　　　　　　　　　　　交通品质工程创建竞赛优胜单位

迁曹高速公路一合同项目部　　　　河北省质量信得过班组建设活动优秀成果奖

舒城县三里河东路及配套工程

　　　　　　　　　　　　安徽省建设行业质量与安全协会安全生产标准化示范工地奖

2022 年

舒城县三里河东路及配套工程　　　　　　　　　安徽省建设工程"黄山杯"奖

十二、省级先进集体

1998 年

邢台路桥建设总公司　　　　　　　　　　　　　　河北省建筑企业管理奖

1999 年

邢台路桥建设总公司　　　　　　　　　　　　　　河北省建筑企业管理奖

2005 年

邢台路桥建设总公司　　　　　河北省工商行政管理协会重质量守信誉单位奖

2004 年

邢台路桥建设总公司　　　　　　　　　辽宁省高速公路建设总指挥部沈大

　　　　　　　　　　　　　　　　　　　　　　高速公路工程建设先进单位

2006 年

邢台路桥建设总公司　　　　　　河北省交通行业质量管理小组活动优秀企业

2007 年

邢台路桥建设总公司　　　　　　　　　　河北省交通厅"优秀施工单位"

| | 河北省安康杯竞赛组织工作优秀单位 |
| | 河北省交通系统安全生产工作先进单位 |

2009 年

| 邢台路桥中心实验室 | 河北省企业技术中心和优秀科技创新团队 |

2011 年

| 邢台路桥建设总公司 | 河北省工人先锋号 |
| 邢台路桥企业技术中心 | 河北省优秀科技创新团队 |

2012 年

| 邢台路桥建设总公司 | 全国投入产出调查工作中被评为河北省级先进集体 |

2013 年

| 邢台路桥建设总公司 | 河北省 2012—2013 年度文明单位 |

2014 年

| 邢台路桥建设总公司 | 河北省交通运输系统 2011—2014 年度先进集体 |

2014 年

| 邢临公路常河镇至孙家庄段养护改造工程项目部 | 河北省青年安全生产示范岗 |

2016 年

| 邢台路桥三公司抗洪抢险突击队 | 共青团河北省委抗洪抢险突击队 |
| 邢台路桥环城公路前期施工指挥部 | 河北省青年安全生产示范岗 |

2017 年

| 邢台路桥建设总公司 | 2016—2017 年度河北省交通运输系统先进职工之家 |

2018 年

| 邢台路桥工程三公司 | 河北省交通运输系统先进职工小家 |
| 邢台路桥千山桥梁构件有限责任公司 | 河北省高新技术企业 |

2019 年

邢台路桥建设总公司	河北省建筑业先进企业
	河北省会计工作先进集体
邢台路桥工程三公司	河北省交通运输系统五一巾帼标兵岗
连霍高速乌奎改扩建第二合同段	新疆维吾尔自治区工人先锋号

2020 年

邢台路桥千山桥梁构件有限责任公司　　　　河北省 2019—2020 年度青年文明号

2022 年

邢台路桥建设集团有限公司　　　　河北省大学生结构设计竞赛企业突出贡献奖

十三、省级劳动模范

1999 年

李殿双　　　　河北省劳动模范

2000 年

石晨英　　　　河北省劳动模范

十四、省级交通系统劳动模范

1998 年

石晨英　　　　河北省交通运输系统劳动模范

2004 年

石文军　　　　河北省交通运输系统劳动模范

2007 年

李利华　　　　河北省交通运输系统劳动模范

2011 年

王栋梁　　　　河北省交通运输系统劳动模范

2018 年

焦习龙　　　　河北省交通运输系统劳动模范

十五、省级先进个人

1997 年

李殿双　　　　河北省交通厅年度先进科技工作者

　　　　河北省交通系统 1996 年度青年岗位能手

1999 年

李殿双　　　　河北省交通系统 1998 年度青年岗位能手

2001 年

李殿双 　　　　　　　　　　　　　　河北省京沪高速公路建设管理处颁发先进个人

2009 年

焦艳平 　　　　　　　　　　　　　　河北省交通系统五一巾帼奖

马朝阳 　　　　　　　　　　　　　　河北省交通行业优秀质量管理优秀推进者

石文军 　　　　　　　　　　　　　　河北省交通行业优秀质量管理优秀推进者

史林军 　　　　　　　　　　　　　　河北省交通行业优秀质量管理优秀推进者

2011 年

杜　宁 　　　　　　　　　　　　　　河北省优秀共青团干部

2012 年

刘永刚 　　　　　　　　　　　　　　河北省第三届能工巧匠

王　志 　　　　　　　　　　　　　　河北省优秀共青团员

2013 年

刘金河 　　　　　　　　　　　　　　河北省第四届能工巧匠

霍玉娴 　　　　　　　　　　　　　　河北省交通系统 2013 年第三季度"最美交通人"

2014 年

周印霄 　　　　　　　　　　　　　　河北省"巾帼建功"标兵

2016 年

李仁增 　　　　　　　　　　　　　　河北省"7.19"抗洪抢险救灾工作先进个人

石敬辉 　　　　　　　　　　　　　　河北省公路学会先进个人

2017 年

刘海丰 　　　　　　　　　　　　　　湖北省（黄石）园林博览会组委员会"园博园特殊贡献奖"

2018 年

霍玉娴 　　　　　　　　　　　　　　河北省五一巾帼标兵岗

2019 年

程　涛 　　　京津冀协同发展交通一体化（河北赛区）重点建设项目劳动竞赛优秀个人

2021 年

代　楠 　　　　　　　　　　　　　　河北省优秀共青团员

赵子健 　　　　　　　　　　　　　　河北省优秀共青团员

李　业	河北省中长期青年发展规划冀青之星
黄　召	河北省中长期青年发展规划冀青之星
王赛航	河北省中长期青年发展规划冀青之星
张国政	河北省中长期青年发展规划冀青之星
刘安宁	河北省中长期青年发展规划冀青之星
姜　志	河北省中长期青年发展规划冀青之星
严　莉	河北省职工文化"五个一"精品创作大赛微影视作品优秀奖

十六、邢台市建筑协会建设工程金牛杯奖（市优工程）

2016 年

张承高速承德段丰宁互通至承张界主体土建工程 TJ5

承德至张家口高速公路承德段单塔子至丰宁互通主体土建工程 TJ19 标段

2017 年

承德至秦皇岛高速公路秦皇岛段 LM1 合同

张承高速公路崇礼至张承界段主体土建工程 E 标段

国道 G107 线东庞路口至沙河东环段改造工程二合同

2018 年

安徽省舒城县 S317 公路万佛湖至五显段升级改造工程

西藏自治区国道 349 线泽当至贡嘎机场段第五合同段项目工程

2019 年

G1 京哈高速公路京秦段 K162+834 等 26 座大中桥沥青桥面铺装层病害治理工程

河道水系景观提升工程围寨河（车站南路—五一桥）段一期（车站南路-开元路段）施工工程

2020 年

漯河市城乡一体化示范区牡丹江路沙河大桥工程建设项目

迁曹高速公路京哈高速至沿海高速段二合同

连霍高速（G30）新疆境内乌鲁木齐至奎屯段改扩建工程 WKGJ-2 标段

国道 G339 滨州港至榆林公路邢衡界至洨河大桥段改造工程二标段

G308 国道冀鲁界至南宫段改建工程四合同

京昆高速公路石家庄段路面病害处治工程 SJZDLM-1 工程

大广高速深州至大名段南宫互通连接线增设工程

赞皇县特大洪灾公路桥梁恢复重建工程 HFCJ-03 标段

2021 年

新机场北线高速公路廊坊段二合同

国道 G340 邢台段绕城改建工程

阜平县苍山西路（含苍山中路部分路段）建设项目

邢东新区振兴一路（泉北大街至中兴大街）道路建设工程

308 国道南宫至石邢界段改建工程二合同

舒城县三里河东路（龙津大道—城东路）

2022 年

阿勒泰至乌鲁木齐公路建设一期工程（黄花沟至乌鲁木齐段）第 HW-8 标段

G312 六安段（六安西互通至大顾店）改建工程第 3 合同段迁曹高速公路京哈高速至沿海高速段一合同心河路

（邢州大道—龙岗大街）道路建设设计 - 施工 EPC 工程总承包四川仁寿至屏山新市公路井研至五指山段路基土建工程 LJ8 标段

四川仁寿至屏山新市公路井研至孝姑段路面工程施工 LM4 标邢清公路（新国道 G340）广宗县城至清河县城段改建工程三标段

龙泉大街（新华路—守敬路）道路设计 - 施工 EPC 工程

十七、其他地市级工程建设荣誉

2002 年

青海西宁南绕城快速路建设工程　　　　　　西宁市委市政府南绕城快速路暨两路两桥建设先进单位

2006 年

济邵高速七合同　　　　　　"愚公杯"社会主义劳动竞赛银杯奖

河南省重大项目十佳施工单位

2017 年

西藏贡嘎机场至泽当专用公路新改建工程 LJ5 合同项目经理部　　邢台市工人先锋号

2020 年

舒城县三里河东路及配套工程　　六安市住房和城乡建设局安全生产标准化示范工地奖

2021 年

六安三里河东路（龙津大道—城东路）　　六安市住房和城乡建设局"皋城杯"奖

十八、地市级先进集体、劳动模范、先进个人

1. 先进集体

2002 年

邢台路桥建设总公司　　邢台市总工会"五一奖状"

2004 年

邢台路桥中心实验室　　邢台市"三八红旗集体"

2007 年

邢台路桥建设总公司　　邢台市七里河开发建设先进单位

邢台市 2007 年城建十大突破性工作

2009 年

邢台路桥建设总公司　　邢台市 2008—2009 年度文明单位

2011 年

邢台路桥建设总公司　　邢台市 2010—2011 年度文明单位

2012 年

邢台路桥建设总公司　　邢台市 2012 年度建设行业"先进单位"

2013 年

邢台路桥建设总公司　　邢台市 2012—2013 年度文明单位

2016 年

邢台路桥建设总公司　　邢台市桥东区 2016 年纳税功勋企业

邢台市五四红旗团委

邢台市红十字爱心单位

邢台路桥工程管理技术服务公司　　邢台市青年文明号标杆集体

西藏贡泽专用公路 LJ5 合同项目部	邢台市工人先锋号
	邢台青年文明号
柏乡连接线项目	邢台青年文明号

2017 年

邢台路桥建设总公司	邢台市 2017 年度纳税百强企业
	邢台市 2016—2017 年度市级文明单位

2018 年

邢台路桥建设总公司	邢台市先进基层党组织
	邢台市五四红旗团委
	邢台市 2018 年度纳税功勋企业
仁寿至屏山新市公路 LJ8 标段	邢台市青年文明号

2019 年

邢台路桥建设总公司	邢台市建筑业先进企业
	邢台市 2019 年度纳税百强企业
	邢台市五四红旗团委

2020 年

邢台路桥建设总公司	邢台市文明单位
	邢台市 2020 年度纳税百强企业
	邢台市建协抗疫先进集体

2021 年

邢台路桥建设集团有限公司	邢台市先进基层党组织
	鹤壁市"21.7"抗洪抢险救灾荣誉证书
	邢台市干部职工羽毛球比赛团体亚军
邢台路桥千山桥梁构件有限责任公司	邢台市 2018—2021 青年文明号
卢氏县水生态综合治理工程项目	邢台市建筑协会抗击新冠疫情先进集体

2022 年

邢台路桥二公司	邢台市 2019—2022 青年文明号

2021 年

内黄县市政道路建设及城区部分道路综合管网入地工程

                内黄县"抗洪抢险"先进单位

2. 劳动模范

1995 年

石晨英   邢台市劳动模范

1998 年

李殿双   邢台市劳动模范

2001 年

郑义坤   邢台市劳动模范

2004 年

季广军   邢台市劳动模范

2007 年

李文清   邢台市劳动模范

2010 年

陈大伟   邢台市劳动模范

2013 年

邢照辉   邢台市劳动模范

2018 年

谷宝琢   邢台市劳动模范

3. 先进个人

1990 年

李殿双   共青团邢台地委新长征突击手

1998 年

李殿双   邢台市政府 1997 年度二等功

1999 年

李殿双   邢台市政府 1998 年度二等功

                邢台市十大杰出青年岗位能手

            邢台市委市直机关工委"为国旗增辉的共产党员"

2002 年

李殿双　　　　　　　　　　　　　　　　邢台市政府 2002 年度二等功

2008 年

李殿双　　　　　　　　　　　　　　　　邢台市 2007 年度城市建设先进个人
石文军　　　　　　　　　　　　　　　　邢台市 2007 年度城市建设先进个人
张秀峰　　　　　　　　　　　　　　　　邢台市 2007 年度城市建设先进个人
张世英　　　　　　　　　　　　　　　　邢台市先进女职工荣誉称号
高　红　　　　　　　　　　　　　　　　邢台市"三八红旗手"
　　　　　　　　　　　　　　　　　　　邢台市第四届"十大女杰"
李建国　　　　　　　　　　　　　　　　邢台市七里河开发建设先进个人
袁喜魁　　　　　　　　　　　　　　　　邢台市七里河开发建设先进个人

2009 年

马朝波　　　　　　　　　　　　　　　　邢台市五一奖章
孔维芬　　　　　　　　　　　　　　　　邢台市五一奖章

2010 年

石文军　　　　　　　　　　　　　　　　邢台市第三届青年科技奖
王　志　　　　　　　　　　　　　　　　邢台市网络文明辩论大赛二等奖
赵英涛　　　　　　　　　　　　　　　　邢台市劳动竞赛先进工作者

2011 年

刘永刚　　　　　　　　　　　　　　　　邢台市技术能手

2012 年

石晨英　　　　　　　　　　邢台市 2010—2012 年创先争优优秀党务工作者

2013 年

崔院生　　　　　　　　　　　　　　　　邢台市青年岗位能手
杨兴朝　　　　　　　　　　　　　　　　邢台市青年岗位能手
李　超　　　　　　　　　　　　　　　　邢台市五一巾帼标兵

2014 年

杨兴朝　　　　　　　　　　　　　　　　邢台市五一奖章

2014 年
刘瑞宁	邢台市优秀团干部
	邢台市青年岗位能手

2016 年
李仁增	邢台市"7.19"抗洪抢险救灾先进个人
	"抗洪救灾"邢台好人
吉丽英	邢台市巾帼建功标兵
郭太龙	邢台市"最美交通人"
焦习龙	邢台青年五四奖章
魏　涛	邢台市优秀共青团干部
刘永刚	邢台市能工巧匠

2017 年
马　骁	邢台市五一劳动奖章
翟丽云	邢台市"三八红旗手"

2018 年
马　骁	邢台市第八批市管优秀专家

2019 年
马　骁	邢台市建筑业 2019 年度优秀企业管理者
李文清	邢台市建筑业 2019 年度优秀总工程师
邢照辉	邢台市五一劳动奖章
潘春景	中共邢台市委市直机关工作委员会优秀共产党员
吉丽英	中共邢台市委市直机关工作委员会优秀党务工作者

2020 年
张　宁	邢台市疫情防控优秀志愿者
霍虎伟	邢台市向上向善好青年
赵子健	邢台市优秀共青团员
刘志男	邢台市最美家庭
严　莉	邢台市 2020 年度"最美绿色家庭"
邢照辉	六安市住房和城乡建设局优秀项目经理

2021 年

李恒达	邢台市国资委优秀共产党员
焦习龙	邢台市国资委优秀共产党员
马云飞	邢台市国资委优秀共产党员
程　涛	邢台市国资委优秀共产党员
刘景雷	邢台市国资委优秀共产党员
曹晓青	邢台市国资委优秀共产党员
吉丽英	邢台市国资委优秀党务工作者
尹　潭	邢台市国资委优秀党务工作者
陈　娜	邢台市乡村振兴优秀青年
刘利强	邢台市青年岗位能手

十九、获奖证书、奖杯

公司参建的沈阳至大连高速公路改扩建工程荣获 2008 年度国家优质工程金质奖

附录

公司参建的津蓟高速公路 11 合同荣获 2004 年度国家优质工程银质奖

公司参建的河北省石家庄至磁县（冀豫界）公路改建工程 KJ6 项目荣获 2016—2017 年度李春奖

公司参建的河北省邢台市七里河水环境治理暨健身绿道建设项目荣获中国人居环境范例奖

135

公司承建的河北省邢台市七里河水环境治理暨健身绿道建设项目获评国家水利风景区

公司承建的津蓟高速公路获评天津市建设工程"海河杯"奖

公司承建的青海马平高速公路二合同荣获青海省建设厅、青海省建筑业协会"江河源杯"奖

附录

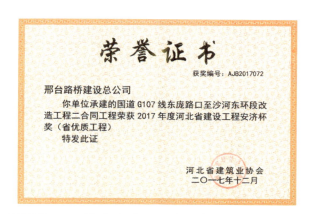

公司承建的国道 G107 线东庞路口至沙河东环段改造工程二合同工程荣获 2017 年度河北省建设工程安济杯奖（省优质工程）

公司承建的舒城县 S317 万佛湖至五显段升级改造工程荣获 2018 年度河北省建设工程安济杯奖（省优质工程）

公司承建的国道 349 线泽当至贡嘎机场段第五合同段工程荣获 2018 年度河北省建设工程安济杯奖（省优质工程）

公司承建的迁曹高速公路京哈高速至沿海高速段二合同工程荣获2020年度河北省建设工程安济杯奖（省优质工程）

公司承建的舒城县三里河东路及配套工程施工荣获2022年度安徽省建设工程"黄山杯"奖（省优质工程）

公司承建的迁曹高速公路京哈高速至沿海高速段二合同工程荣获2020年度建设工程金牛杯奖（市优质工程）

附录

公司承建的河北省邢台市七里河水环境治理暨健身绿道建设项目获评河北省秀美河湖

邢台路桥建设总公司荣获"2018—2019年度全国交通运输行业文明单位"称号

邢台路桥建设集团有限公司荣获"2021年度全国交通运输文化建设优秀单位"称号

河北省邢台路桥建设总公司中心试验室荣获全国三八红旗集体荣誉称号

邢台路桥中心实验室荣获全国五一巾帼标兵岗

邢台环城公路前期施工指挥部荣获全国青年安全生产示范岗

附录

邢台路桥千山桥梁构件有限责任公司获评中国质量诚信 AAA 级品牌企业

邢台路桥建设总公司获评全国建筑业诚信安全质量管理 AAA 企业

邢台路桥建设总公司获评全国建筑业 AAA 级信用企业

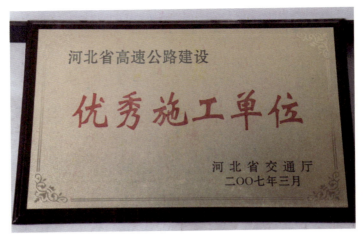

邢台路桥建设总公司获评河北省高速公路建设优秀施工单位

邢台路桥建设总公司获评河北省企业技术中心

邢台路桥建设总公司获评西柏坡高速建设先进单位

邢台路桥建设总公司获评 2017 年度河北省建设工程招标投标诚实守信 5A 级施工企业

邢台路桥建设总公司获评 2018 年度河北省建筑业先进企业

邢台路桥建设总公司获评 2019 年度河北省建筑业先进企业

邢台路桥建设集团有限公司获评河北省守合同重信用企业

邢台路桥建设总公司获评河北省会计工作先进集体

邢台路桥建设集团有限公司荣获河北省大学生结构设计竞赛企业突出贡献奖

附录

邢台路桥建设总公司荣获河北省五一奖状

邢台路桥工程三公司获评河北省交通运输系统工会五一巾帼标兵岗

邢台路桥建设总公司获评2016—2017年度邢台市市级文明单位荣誉称号

邢台路桥建设总公司贡嘎机场至泽当专用公路 LJ5 合同项目经理部获评邢台市工人先锋号

邢台路桥建设总公司荣获邢台市五一劳动奖状

邢台路桥二公司获评 2019—2022 青年文明号

附录

邢台路桥建设总公司获评 2018 年度纳税功勋企业

邢台路桥建设集团有限公司荣获鹤壁市"7·21"抗洪抢险救灾荣誉证书

附录 3
上级领导关怀指导

2016 年 12 月，西藏自治区主席、党委副书记洛桑江村一行，视察公司承建的西藏贡泽专用公路 LJ5 标项目部。此行为洛桑江村主席代表西藏自治区人民政府对公司承建贡泽公路项目的专项调研

2019年4月,河北省委书记王东峰一行,来到公司承建的新机场北线高速公路廊坊段施工现场调研,了解该项目的规划、设计、建设进展情况以及工作中遇到的困难

2019年6月,河北省委副书记、省长许勤现场视察新机场北线高速公路项目建设情况,省政府党组成员吴显国、省政府秘书长朱浩文,廊坊市委书记冯韶慧、市长陈平等领导陪同检查

2017年8月,河北省副省长张古江到邢台市环城公路项目建设工地调研,公司总经理马骅陪同。张古江肯定了邢台路桥多年来在城市建设中作出的突出贡献,对邢台路桥勇挑重担、甘当先锋表示了亲切慰问,并给予了高度评价

2019年4月,河北省副省长张古江一行,来到公司承建的河北省第三届(邢台)园林博览会园博园项目进行现场调研,对园博园项目施工建设给予了充分肯定,对公司员工加班加点、拼搏奉献的工作态度给予了高度赞赏

  2019年8月，河北省副省长张古江、交通运输厅厅长单宝风一行，到新机场北线高速公路廊坊段施工现场调研。张古江强调新机场高速公路是京津冀一体化的重要组成部分，是新机场与河北连接的重要配套设施。各相关单位要站在讲政治的高度加快项目建设，确保又好又快完成建设任务。廊坊市委书记冯韶慧、副市长王凯军，交通运输局局长王辉云等相关领导陪同

  2019年4月，河北省委常委、唐山市委书记王浩到公司承建的迁曹高速公路项目进行现场调研，对迁曹高速公路项目施工建设情况给予了充分肯定、对员工务实求真的工作态度给予了高度赞赏

2019年3月,河北省交通运输厅厅长单宝凤,廊坊市副市长王凯军、交通运输局局长王辉云到公司承建的新机场北线高速公路廊坊段项目现场进行调研

2020年4月,新疆维吾尔自治区交通运输厅党委书记李学东到S21阿乌高速项目八标检查指导工作,新疆五家渠市市长王胜平、新疆交投公司负责人及项目有关人员陪同

2020年6月,河北省交通运输厅厅长王普清到迁曹高速项目视察指导,唐山市政府相关领导参加,公司总经理马骅陪同。王普清一行实地考察了沙河驿互通工程,详细了解迁曹高速整体情况及2020年的建设内容

2020年11月,河北省交通运输厅厅长王普清一行,到公司承建的大兴国际机场北线高速公路廊坊段现场视察指导工作,廊坊市副市长王凯军、交通运输局局长王辉云等相关领导陪同。王普清听取了项目建设情况汇报,对大兴国际机场北线高速公路廊坊段建设情况给予高度的评价

2017年6月，邢台市委书记王会勇一行到公司环城公路项目视察工作，邢台市交通运输局局长王明新、公司总经理马骅陪同视察。王会勇要求进一步加快环城公路项目建设速度，加强质量管理，确保环城公路按计划完成建设任务

2018年4月，邢台市委书记王会勇带领市四大班子主要领导，市直相关部门及各县市区书记、县市区长组成的观摩团，到公司下属千山桥梁构件有限责任公司视察新开工建设的钢结构组件建设项目

附录

2019年8月,六安市委书记孙云飞、副市长束学飞一行,到G312六安段改建三标施工现场视察。六安市交通运输局局长李卫东以及项目部班子成员等陪同视察

2019年8月,廊坊市委书记冯韶慧、副市长王凯军,广阳区委书记周春生,区长徐静华,交通运输局局长王辉云等领导,来到新机场北线高速公路廊坊段项目进行现场调研工作

2019年8月，漯河市委书记蒿慧杰，市委副书记、市长刘尚进一行，观摩督导"四城同建"重点项目，到公司建设的城乡一体化示范区沙河沿岸综合整治PPP项目建设工地，了解项目推进情况。市四大班子主要领导、市直单位、各县区委等主要负责人陪同督导

2021年5月，邢台市委副书记、代市长宋华英带领有关负责同志，到雄安新区实地督导调研公司承建的雄安郊野公园邢台园项目建设情况，副市长张志峰参加调研

2022年3月,三门峡市委副书记丁同民一行,到公司承建的卢氏连翘公园视察指导工作,对该项目的施工进度和施工质量给予了充分肯定,希望将连翘公园打造成个性化、深度化、特色化的地区品质旅游新景观

2016年10月,邢台市市长董晓宇到公司调研,邢台市政府秘书长杨孟勋,邢台市交通运输局局长王明新、副局长宋田兴等陪同调研。公司总经理马骍向董晓宇一行简单汇报了公司概况和近来的经营情况

2016年10月，邢台市市长董晓宇一行在承德市市长常丽虹的陪同下，到公司承德机场连接线工程第二合同段视察工作，公司总经理马骅陪同。董晓宇充分赞扬了邢台路桥干部职工干事创业的激情和积极向上的精神面貌

2017年5月，邢台市市长董晓宇一行，到公司承建的邢台市环城公路项目检查调研，邢台市交通运输局局长王明新、公司总经理马骅陪同。董晓宇首先肯定了邢台路桥多年来在城市建设中作出的突出贡献，对邢台路桥勇挑重担、甘当先锋表示了亲切慰问

2018年9月，邢台市市长董晓宇一行，深入公司承建的西藏国道349线泽当至贡嘎机场段5标和西藏"十三五"公路安全生命防护工程项目，就项目工程质量、当前运行效果等方面进行了详细调研

2018年11月，邢台市重点项目对接座谈会暨合作协议签约仪式在金牛大酒店三楼会议室举行。邢台市市长董晓宇、农业发展银行河北分行行长李钧及邢台市有关单位负责人出席本次签约仪式。公司总经理马骅代表公司，与农业发展银行邢台分行行长齐亮签订战略合作协议

2020年6月,邢台市市长董晓宇、副市长张志峰、市交通运输局民航发展服务中心主任宋田兴,来到东环城水系项目视察指导工作。董晓宇一行来到中兴大街箱涵施工现场,详细询问了安全、环保、质量、进度等方面的工作。同时对已完工河道及箱涵基坑的防汛、排水做出了详细的指示

2018年12月,河北黄骅经济开发区基础设施建设PPP项目签约仪式在黄骅经济开发区管委会办公大楼举行。黄骅市市长宋忠秋、副市长张剑华,市财政局、土地局,黄骅开发区管委会有关领导及公司总经理马骅、副总经理郑义坤等出席签约仪式

附录

2018年9月,"新机场北线高速公路廊坊段开工动员大会"在廊坊市隆重举行。廊坊市副市长王凯军,廊坊市广阳区委、区政府主要负责同志及市发改委、市财政局、市交通运输局等主要领导出席了项目开工仪式。公司总经理马骅作为嘉宾,在典礼上作表态发言

2019年7月,邢台市副市长张志峰带领相关部门负责人,对开元路南延项目防汛工作进行现场调研。张志峰认真听取了大桥的工期进度安排,详细了解了项目部防汛应急预案演练和物资机械储备等措施,并询问了有关防汛工作的具体细节

2019年10月，邢台市政府副市长张志峰在邢台民航发展服务中心主任宋田兴等人的陪同下，来到公司承建的邢台市东环城水系建设工程项目的中兴东大街箱涵，现场实地调研指导工作

2020年4月，新机场北线高速公路廊坊段（西环互通至空港互通段）试通车仪式在空港收费站举行。廊坊市副市长王凯军及其他相关单位负责人等出席仪式，市政府副秘书长褚宝松主持，公司总经理马骅出席并致辞

2021年4月,邯郸市副市长王彦清,市政府办公室办李杰,市建设局、东湖新城办、自然资源和规划局、交通局、城发集团主要负责同志等一行,到公司承建的赵王大街支漳河大桥施工现场,调研支漳河大桥的施工情况

2021年4月,公司新疆S21阿乌八标项目成功举办新疆维吾尔自治区交通运输厅2021年全区重点项目复工大会。新疆交通运输厅党委副书记、厅长艾山江·艾合买提,副厅长郑明权、第六师五家渠市副市长刘敬海,新疆交投公司党委书记孙泽强及相关领导参加了复工仪式

2021年5月,迁安市委副书记崔东鑫、副市长庞再明带领迁安市政府办、交通局、沙河驿镇等有关部门负责人,赴公司承建的迁曹高速公路项目现场指导工作并解决问题

2021年10月,邢台市副市长张福杰、市政府办公室四级调研员史战坡等一行,来到信德路公交枢纽站项目督导检查。邢台市交建集团党委书记、董事长马骅等陪同。张福杰一行实地查看了项目施工进展情况及质量安全管控措施情况,对当前的项目建设给予了肯定

附录

2022年3月，江西省交通运输厅党委委员、副厅长王昭春到公司承建的宜春至遂川高速公路项目调研指导。王昭春实地踏勘了水稳碎石施工现场，听取了项目施工进度、施工工艺、施工标准化及安全生产管理等方面的工作情况汇报

2021年9月，鹤壁市政府副秘书长雷建民，市防汛抗旱指挥部成员、退役军人事务局党组书记、局长吴福生，将写有"抗洪救灾奉献鹤城，真情为民大爱无疆"的锦旗递交到邢台市交建集团党委书记、董事长马骅的手中，对公司在抗击灾情中对鹤壁市援建工作给予的大力支持和帮助表示衷心的感谢

2020年7月,云南省德宏州副州长冯皓一行,来到盈江县腾陇高速公路盈江出口延长线PPP项目实地调研。他指出,腾陇高速的开通,将为盈江县的发展带来重要的机遇,一定要做好项目的建设工作,进一步推动盈江县的经济发展

2022年6月,怀化市政府副秘书长、国资委党委书记、主任翟波调研公司承建湖南沅辰高速项目,对征拆建设等有关工作进行调研指导,项目组主要人员陪同调研

2022年9月,山西晋中公路分局局长张惠民一行,深入公司承建的G340寨沟隧道改线工程施工现场督导检查,实地查看了工程质量、安全、进度及疫情防控情况

2022年10月,广西壮族自治区督导组副组长韦尚英一行,到公司承建的崇左市城区供排水一体化PPP项目督查指导工作。韦尚英实地踏勘了崇左市城区友谊大道、环城东路施工情况,听取了工作情况汇报

2016年7月,青海省交通运输厅建管处副处长陶国新携青海省交通运输厅咨询中心、青海省交通规划设计院、青海省造价站、青海育才设计院、正平路桥集团等单位一行11人到公司考察调研。考察团就公司在钢-混凝土组合桥梁方面的创新成果及应用情况进行了调研,邢台市交通运输局副局长宋田兴、公司总经理马骅、党委书记石晨英、副总经理李文清等进行了接待陪同

2019年7月,河北省市场监督管理局省专家组对公司中心试验室进行监督检查。专家组检查了试验室的硬件设施和管理体系运行等,对试验室的工作予以肯定,并提出宝贵的意见

2019年8月，中国钢结构协会常务副会长刘毅一行莅临公司交流指导工作，刘毅一行考察了千山桥梁公司钢结构生产车间、钢结构疲劳试验中心。双方就钢混组合桥梁行业发展前景、河北省钢混组合桥梁技术创新中心启动大会筹备、深化合作等开展了深入交流

2019年10月，国家钢结构工程技术研究中心副主任常好诵一行莅临公司考察交流。常好诵一行参观了国内第一座以移动支架法施工的波形钢腹板组合梁桥——七里河紫金特大桥，并前往公司足尺寸钢桥疲劳试验中心进行了调研交流

2019年11月,河北省交通运输厅巡视员白刚、河北省公路学会秘书长李炳雷、河北省交通规划设计院BIM中心主任李志聪等一行莅临公司,就钢结构及钢混组合结构桥梁应用进行调研指导

2020年7月,公司总经理马骅与河南省内黄县副县长王磊在公司二楼会议室签订合作框架协议。此次协议的签订,是双方多层次、多渠道、多模式合作的新起点,有利于加快内黄县城镇化建设,完善城乡基础设施,改善居民生活环境,促进地方经济快速发展

2022年6月,四川省广元市委常委、统战部部长陈正永一行到公司考察交流。双方就两地经济协同发展、加强合作等方面展开座谈。邢台市交通建设集团党委书记、董事长马骅,总经理郑小刚等交建集团领导出席,会议由公司总经理王庆杰主持

附录 4
公司特殊意义事件

1996年，一场三十年一遇的特大洪水，冲毁了107国道白马河路段。公司不顾自身遭受的惨重损失，以国道畅通为己任，连续奋战四天四夜，修通了白马河路段，受到了各级领导和社会各界的高度赞扬，被誉为"特别能战斗的队伍"。河北省委省政府和邢台市委市政府分别授予本公司"抗洪抢险先进集体"荣誉称号。同时，公司在原白马河大桥施工队伍的基础上，又调集了人员和机械，会战白马河大桥，修复水毁、摊铺路面，在大灾之年实现了当年建设、当年通车。抗洪抢险战斗中，公司有20人受到邢台市交通局党委表彰，2人荣获邢台市五一劳动奖章

2014年，公司积极参与"春雨行动"，发动公司职工为威县桑园村捐款35550元；参与"城乡结对帮扶，共建美丽乡村"活动，向帮扶村柏乡东刘村提供帮扶款3000元。公司党委书记石晨英接受威县桑园村代表为公司送来的感谢锦旗

2016年7月，公司工会开展"7·19"暴雨洪灾捐赠动员活动，884名职工捐款51580元

2016年8月，公司第五届职工代表大会在九楼会议室召开，总公司班子成员、上届工会委员会委员、有关科室负责人及90名职工代表参会。会议选举产生了第五届工会委员会委员、经审委员、女工委员、经济管理委员和劳动争议调解职工代表。赵宝莲当选工会委员会主席

2016年12月，中国共产党邢台市路桥建设总公司代表大会隆重召开，选举产生了公司新一届党委委员会、纪律检查委员会。石晨英同志当选为新一届党委书记，杜宁同志当选为新一届纪委书记。石晨英同志代表上一届委员会向大会作报告

附录

2017年7月,公司工会开展"夏季送清凉"活动。公司总经理马骅赴邢台环城公路4个项目部施工现场,将西瓜、绿豆、冰糖、纯净水等防暑降温物品送到员工手中

2017年10月,公司开展"升国旗、唱国歌、祖国在我心中"主题活动,庆祝新中国68周年华诞。这次活动进一步增强了公司凝聚力,激励了全体干部职工在新的起点上奋发进取、拼搏奉献、勇往直前,不断开创工作新局面

2017年12月,公司协办的"强久杯"迎新年环城公路自行车大赛鸣枪开赛,这次比赛分为竞技组和大众组2个组别,共有1000余名自行车爱好者参赛

2017年12月,公司与中国银行新华支行党建共建协议签约仪式在公司二楼会议室举行。新华支行行长闫雪敏、副行长郝威、朱若开,公司总经理马骅、党委书记石晨英、总会计师赵东尧出席仪式

附录

2018年1月,公司举办了关键部门负责人内部竞聘会。此次竞聘共有24名优秀干部职工参加了战略发展部部长、经营预算部部长、技术部部长、风控法务部部长、物资设备部部长等5个岗位的竞聘。活动评委由总公司领导、外部专家、总公司各科室科长、分公司经理及抽签产生的管理技术骨干组成,总人数100余人

2018年2月,公司首届"最美路桥人"颁奖典礼暨迎新联欢会隆重举行。邢台市交通运输局领导、公司领导班子及员工代表齐聚一堂,共迎欢乐时刻。会上评选出了15位"最美路桥人"、10位"最美路桥人"优秀奖

2018年3月，山西建筑工程有限公司张增伏副总经理一行人到公司进行对标交流。双方就项目的操作模式以及如何加快PPP项目实施进展工作交换了意见，为今后PPP项目更好地落地和实施奠定了坚实的基础

2018年7月，在环城公路工期最紧张的炎夏时节，公司实行"全民皆兵"。机关全体干部员工与环城项目施工人员一起战高温、斗酷暑，奋战在"旭阳桥大会战"的施工现场，保障了工程的有序推进

附录

2018年10月,公司申报的"河北省钢混组合桥梁技术创新中心"专家论证会在邢台召开。中组部国家"千人计划"特聘专家、苏交科集团股份有限公司副总工程师张建东教授,东南大学博士生导师万水教授,中南大学博士生导师朱志辉教授等专家受邀与会

2019年1月,"庆祝改革开放40周年专题党课"在公司九楼会议室举行。公司特邀河北省委党校教授、河北发展战略研究所所长庞立平亲自授课,公司领导班子成员、机关各部室及分公司负责人、分公司党务工作者近120人参加了学习

2019年3月，由团市委主办、公司承办的"团团之约，爱在锦江"邢台市第二届青年联谊会在锦江不夜城中央广场成功举办。在阳春三月春暖花开的季节里，来自邢台市各条战线的300余名青年英才相聚一堂，共叙情缘

2019年3月，公司项目观摩团在邢台市交通运输局党组成员、邢台市民航发展服务中心主任宋田兴的带领下，赴北京大兴国际机场施工现场参观学习。公司总经理马骁、党委书记石晨英陪同观摩。观摩团一行来到建设中的机场航站楼，了解机场总体建设情况

附录

2019年6月,公司党委带领辖属15个党支部联合开展"不忘初心、牢记使命"主题教育党日暨党课活动,赴邯郸涉县一二九师司令部旧址、一二九师陈列馆参观学习,追寻红色足迹,重温入党誓词,缅怀先烈,接受革命传统再教育

2019年6月,公司总经理马骅、总工程师李文清带领技术部、中心试验室、钢结构公司和设计院主要负责人,赴交通运输部公路科学研究院开展技术交流。交通运输部公路科学研究院改性沥青与铺面工程学科带头人、中路高科(北京)公路技术有限公司董事长曹东伟研究员及课题组骨干出席了本次座谈。双方就各自的单位概况、排水沥青路面、钢桥桥面铺装、路面养护改造、科技成果转化等方面进行了深入研讨交流

2019年6月,全国建筑钢结构行业大会在湖南长沙召开,千山桥梁公司参与施工的邢台段绕城改建工程焦化厂铁路分离式立交钢结构工程荣获中国钢结构金奖。公司总工程师李文清、千山公司董事长王习哲代表工程团队领奖。此次获奖标志着邢台路桥钢结构制造得到了全国行业范围的肯定

2019年8月,为迎接园博园顺利开园,公司党委书记石晨英率领30余名职工来到园博园,参加垃圾清扫清除志愿服务活动,以实际行动助力园博园开园

2019年10月，公司15个党支部和3个临时党支部均以不同的形式举行了升旗仪式，共同观看庆祝新中国成立70周年大会及阅兵式直播盛况

2019年10月，公司党委班子、各党支部党员代表、部分预备党员，赴内丘李保国纪念馆进行主题教育专题党课活动。在李保国纪念馆，全体党员认真聆听了李保国生前带领太行山群众脱贫致富的故事，切身感受到李保国为太行山区带来了巨大变化

2019年11月，由中国钢结构协会和公司主办的河北省钢混组合桥梁技术创新中心建设启动会暨钢混组合桥梁技术研讨会在石家庄隆重召开。会议以"融合创新、共建共享，推进钢桥变革、服务中国制造"为主题，共商创新中心建设和钢混组合桥梁创新发展之道

2019年12月，公司与邢台市慈善总会联合开展"慈善暖人心，春节送温暖"大型慰问活动，党委书记石晨英向困难群众送去慰问品

2020年2月,公司为积极贯彻落实邢台市委市政府和市交通运输局一系列疫情防控工作部署,向邢台市交通运输局递交请战书,突击队120名突击队员、28台机械设备随时听从调遣安排,为打赢邢台市疫情应对阻击战贡献路桥力量

2020年2月,公司印发《关于开展抗击"新型冠状病毒感染的肺炎疫情"募捐倡议书》。倡议书发出后,30个部门单位近1517名员工共捐款199274元,所有捐赠款项将统一捐至邢台市慈善总会

2020年4月，公司承办的第二届"乡村振兴研讨会"在公司九楼会议室顺利召开，河北省委农办、河南省发改委工程咨询中心、邢台市委农办及各区县相关部门、河北农业大学、中国中建设计集团、中煤建工集团、中建政研、江苏远铖环保、国开行、农行、工行、建行、中行等多家单位的代表、专家90余人参会

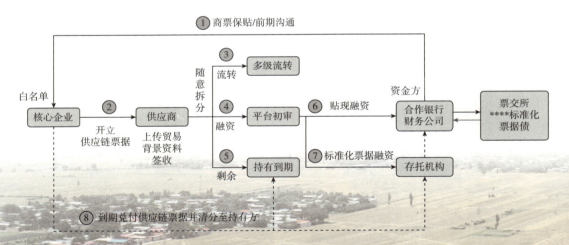

2020年5月，公司作为全国首批17家企业之一，参与上海票据交易所供应链票据平台试运行，并通过中企云链平台签发华北地区第一张电子可拆分供应链票据，开启了更加便利、灵活和低成本的供应链融资方式，再次走在了建筑业企业融资创新的前列

附录

2020年6月,公司在二楼会议室召开改革工作启动会。公司领导班子成员、各部室、各分(子)公司负责人参加,会议由党委书记石晨英主持。北京和君咨询有限公司项目总监李国宏介绍了改革思路和改革进程,公司总经理马骅作总结讲话

2020年7月,为积极响应创建全国文明城市,组织开展好"净走"行动的要求,公司机关党员干部职工20余人组成志愿者,来到牛尾河公园开展"净走一小时"志愿活动,清理路边垃圾

2020年7月,公司总经理马骅与中城投建设集团直属第一工程局有限公司董事长李长宇在二楼会议室签订战略合作协议。此次战略协议的签订,有利于双方发挥各自优势,拓宽公司合作领域,为公司市场开发创造更广阔的平台

2020年9月,公司参编修订的国家标准《钢结构焊接标准(送审稿)》专家审查会在北京顺利召开。来自住房和城乡建设部标准定额司、中国冶金建设协会、审查会专家组、中冶建筑研究总院等标准主编和参编单位的领导及代表共计73人出席了本次会议。专家组认为该标准的编制修订工作符合程序要求,技术内容科学合理,给予通过审查。《钢结构焊接标准(送审稿)》经与国外相关标准比较,整体达到国际领先水平

2020年10月,公司事业单位人员解除聘用合同暨邢台路桥建设总公司签订劳动合同仪式在公司九楼会议室举行。公司总经理马骅、副总经理李殿双、各部室及分(子)公司负责人、部分职工代表出席会议,会议由公司党委书记石晨英主持。马骅分别与公司领导班子、中层干部、基层员工等代表解除聘任合同,签订劳动合同

2020年10月,公司赵王大街项目经理部协办的质量提升现场观摩会顺利召开,邯郸市交通运输局相关领导、中建路桥、路通监理、光太路桥、中交远洲、广通路桥等相关项目负责人共60余人参加了此次现场观摩会。观摩团听取了支漳河大桥建设情况汇报,与会人员对支漳河大桥的施工工艺、精细化管理、标准化施工给予充分肯定

2020年11月,公司总工程师李文清一行受邀参加世界交通运输大会(WTC)成都论坛。公司科技部部长苏立超在交通基础设施智能建造技术论坛上作了《装配式组合钢箱梁结构创新与智能化建造研究》的主题报告,向参会同行分享了钢混组合梁结构创新研究、装配式组合钢箱梁智能化建造、绿色建造技术等方面的研究成果,汇报受到同行专家的广泛关注

2020年12月,"2020中国混凝土展"在南京揭幕,公司总工程师李文清、检测设计咨询公司经理曹正川一行受邀参加此次展会。此次参展提高了公司品牌的知名度和影响力,与众多客户达成了合作协议或意向,为完善公司自身产品结构、开拓市场奠定了基础

2021年1月,公司在锦江不夜城企业大学召开"十四五"规划研讨会,通过"现场+视频"形式召开。公司领导班子、各部室、分(子)公司及项目负责人参会,就《邢台路桥建设总公司"十四五"规划》讨论稿进行解读。与会者围绕公司定位、企业使命价值、薪酬绩效改革、人才培养、企业文化建设等方面进行了探讨

2021年1月,公司晋州项目部相继收到中共晋州市委市政府发来的荣誉证书,感谢公司向晋州市捐赠10万元用于新冠疫情防控工作,以实际行动彰显了企业强烈的社会情怀与责任担当

2021年1月,公司向南宫市隔离点援建6套哆唻堡保温集成房,助力当地疫情防控工作

2021年3月,公司组织迎"三八"健康讲座、踏青游园活动

2021年3月,公司组织干部职工走进乐智园特殊教育机构,开展"情系特殊儿童 爱心助力成长"助残爱心阳光行动

2021年4月,公司党委开展党史学习教育,组织部分党员代表一起来到吕玉兰纪念馆踏寻楷模足迹,聆听光辉事迹

2021年4月,中国市政工程华北设计研究总院有限公司副总经理王昭到访公司,双方经过友好洽谈后,举行了战略合作协议签约仪式。邢台市交通建设集团党委书记、董事长,公司总经理马骅,公司副总经理郑义坤、总工程师李文清及相关部门负责人出席了座谈及签约仪式

2021年4月,亚行贷款新疆城市综合发展项目——克拉玛依子项目2021年国内考察工作组到公司考察交流,邢台市交通建设集团党委书记、董事长,公司总经理马骅,公司副总经理郑义坤、总工程师李文清会见了考察团一行。双方重点就城市基础设施建设、城市道路规划、建筑领域新技术等方面进行深入交流

附录

2021年6月，公司组织召开第五届职工代表大会第八次会议，审议《邢台路桥建设总公司企业改制实施方案》和《邢台路桥建设总公司职工安置方案》，选举公司职工董事、职工监事。公司领导班子成员、各部室、各公司共计71名职工代表参会

2021年6月，公司作为特邀企业，参加2021京津冀国际投资贸易洽谈会。公司副总经理郑义坤作为特邀嘉宾，代表公司在中国-哈萨克斯坦投资推介会上作了《加强交流、增进互信，深化邢台路桥与哈萨克斯坦在基础设施建设领域的合作》的主题演讲

2021年6月,在党的百年华诞即将到来之际,公司总工程师李文清、工会副主席王习哲走访慰问了部分党龄超过50年的老党员,为他们颁发"光荣在党50年"纪念章,并代表邢台市交通建设集团党委、公司党委向老党员们致以崇高敬意和诚挚问候

2021年6月,公司组织职工家属、子女开展"我健康我成长我快乐庆六一活动",丰富职工文化生活,增进亲子感情,展现了公司对员工家庭的人文关怀

2021年7月，公司设计的"装配式3D打印小商桥"落成典礼隆重举行，河北工业大学副校长兼土木与交通学院院长马国伟，漯河市城乡一体化示范区党工委副书记、管委会主任钮盾，邢台市交通建设集团党委书记、董事长，公司总经理马骅等相关领导参加典礼并剪彩

2021年10月，公司援疆干部张志圆满完成援疆工作，载誉归来。人力资源部部长李立国、二公司经理焦习龙代表公司党委领导班子及全体职工迎接张志凯旋

2022年1月，公司召开党史学习教育总结大会，党委书记、董事长苏丹及领导班子成员，总部各部室、所属17家分（子）公司党员干部等近200余人分别在主分会场参会，会议深入学习贯彻习近平总书记关于党史学习教育的重要指示精神，全面总结集团公司党史学习教育开展情况和成效经验，并对巩固拓展党史学习教育成果进行安排部署

2022年1月，在邢台市委、市政府及相关部门的大力支持下，由公司主办的"广州市河北邢台商会成立筹备会暨老乡见面会"在广州隆重举行。公司党委委员、监事会主席郑义坤，广州市总工会副巡视员邢立明，原河北省人民政府驻广州办事处副主任赵建利，邢台市政府驻深圳招商办事处广州招商点负责人孙伟等40多名在广邢台籍企业家参加会议

附录

2022年2月,上海市建设协会副会长顾建国一行到公司交流指导工作。邢台市交通建设集团党委书记、董事长马骅,副总经理郑小刚,公司党委书记、董事长苏丹,总工程师李文清,总会计师米海丽及相关部门主要负责人陪同考察

2022年2月,职工遗属代表孙红兴、董永军将一面写着"心系百姓 一心为民"的锦旗送到公司党委书记、董事长苏丹手中,感谢公司党委对职工遗属的关心与帮助

2022年3月，公司从全国范围内组集结精干力量、调配物资机械，火速奔赴清河、沙河等县市建设方舱医院和隔离方舱施工现场，在方舱建设指挥部领导下，克服诸多困难，保进度、重质量、保安全、严防疫，不分昼夜连续施工，在清河县建设隔离方舱2107套、在沙河市建设隔离方舱医院1处，以"路桥速度"高质量、高标准完成建设任务

2022年3月，大元建业集团副总裁孙红阁一行到公司对标交流学习。公司总经理王庆杰、总工程师李文清，相关部室、分公司主要负责人陪同考察。双方对企业组织架构管理、区域市场开发、项目运营管理、人才资源管理等方面建设进行沟通交流，并签署战略合作框架协议

附录

2022年7月，公司援藏干部张立江圆满完成援藏工作，副总经理王彦辉代表公司党委、全体员工送上最亲切的问候、致以崇高的敬意

2022年8月，中国共产党邢台路桥建设集团有限公司第三次党员代表大会胜利召开，选举中共邢台路桥建设集团有限公司新一届委员会、纪律检查委员会。公司党委书记、董事长苏丹代表公司党委向大会作报告

2022年8月,河北光太路桥集团董事长贾绍强一行到公司考察交流。双方就市场开发、工程质量提升、人力资源管理等方面开展座谈。邢台市交通建设集团副总经理王栋梁出席会议并发言,公司党委书记、董事长苏丹及相关领导、部门负责人参加

2022年9月,公司工会召开会员代表大会,听取第五届工会委员会工作报告,选举产生新一届工会委员会、经费审查委员会和女职工委员会。会议审议通过《第五届工会委员会工作报告》《工会委员会换届选举办法(草案)》《新一届工会委员会、经费审查委员会和女职工委员会候选人名单》。公司党委书记、董事长苏丹,纪委书记王胜出席大会

2022年9月,沧州路桥工程有限责任公司董事长曹艳明一行到公司考察交流,双方开展座谈,共商合作事宜。公司党委书记、董事长苏丹,相关领导、部室、分公司负责人参加

2022年10月,中国共产党第二十次全国代表大会在北京隆重开幕。公司组织党员干部职工集中收看党的二十大,认真聆听习近平总书记代表十九届中央委员会向大会所作的报告

2022年11月,由河北省建筑信息模型学会主办,公司协办的2022年建筑信息模型国际学术交流大会成功召开。此次会议以线上直播方式进行,公司党委书记、董事长苏丹,总工程师李文清,企业技术中心、工程管理部、质量技术部及分(子)公司相关负责人参会

2022年12月,中国电建集团河北工程有限公司副总经理李镇、河北诚至阳普新能源科技有限公司董事长刘军一行到公司考察交流。三方围绕业务合作开展座谈,并签署战略合作协议。交建集团党委书记、董事长马骅,邢台路桥党委书记、董事长苏丹,相关领导、部室、公司负责人参加

　　2022年12月，公司召开学习贯彻党的二十大精神宣讲报告会，公司党委书记、董事长苏丹就学习宣传贯彻党的二十大精神作专题报告。会议要求，把学习贯彻党的二十大精神作为首要任务，坚持用党的二十大精神统领全局，系统把握党的二十大报告赋予国有企业的新使命和新任务

附录 5
媒体关注公司

2017年12月，中央电视台《发现之旅》栏目播放节目《筑路中国》，讲述"邢台路桥筑辉煌"。公司总经理马骍在节目中表示：随着国家"一带一路"倡议的提出，邢台路桥积极响应号召，在向海外进军的征程上迈出了最为坚实的一步

2020年3月，中央电视台《发现之旅》栏目，播放节目《美丽家园，筑梦路桥——

天下通途》。公司总经理马骅在节目中表示：邢台路桥人将继续发扬能创新、重诚信、敢担当的精神，建五洲畅通，筑四海通达，为中国的经济社会发展和基础设施建设做出更大的贡献，奏响属于邢台路桥的时代最强音

2021年3月，中央电视台《探索·交通》栏目播放节目《通达之路——邢台路桥》。公司总经理马骅在节目中表示：邢台路桥将根据行业的发展，在钢桥的建设过程中不断进行标准化、智能化方面的研究，为交通强国建设做出更大的贡献

2022年11月，《河北新闻联播》播报新闻，关注邢台路桥深入学习宣传贯彻二十大精神。公司党委书记、董事长苏丹表示：为建成"现代化交通强省"贡献力量

2018年9月,中央电视台《走近科学》栏目组采访公司新华北路施工项目

2020年4月,公司承建的新机场北线高速公路廊坊空港段(西环互通至空港互通段)试通车仪式在空港收费站举行,来自中央、省、市级的多家媒体纷纷转载报道

附录

2021年4月，中央电视台《新闻联播》播发新闻，关注公司参建的新疆阿乌高速项目建设

2021年7月，河南省安阳市殷都区都里镇遭受特大暴雨袭击，道路桥梁等基础设施被毁，多个村庄被隔绝。公司殷都区S303中轴线北延S301PPP项目部紧急抽调多名骨干力量、救援车辆和机械，组成道路抢修突击队，全力支持政府抗洪救灾。央视《东方时空》栏目盛赞邢台路桥彰显国企担当，积极抗洪救灾

2021年8月,《中国交通报》专版报道公司党建工作综述,以高质量党建引领,保障高质量发展。

2019年9月,《河北日报》专版报道公司迁曹高速项目部全力攻坚保通车的现场

2020年9月,《河北日报》专版报道公司探索投资建设运营一体化的转型之路

2020年10月,《河北日报》专版报道公司下属千山公司"三步棋"打开钢构大市场

2020年11月,《河北日报》专版报道公司创新不停步、担当不止步,迁曹高速项目部打造省内领先国内一流高速公路

2020年11月,《河北日报》专版报道公司承建的邢台市国道 G340 邢台段绕城改建工程建设回眸

附录

2020年12月,《河北日报》专版报道公司弘扬国企责任担当精神,投身乡村振兴战略实践

2021年6月,《河北新闻联播》播报新闻,关注公司下属千山公司安全至上,确保安全生产不放松

2021年8月,《河北日报》专版报道公司以党建引领,展铁军风采,勠力同心争分夺秒建设雄安郊野公园邢台展园

2021年10月,《河北新闻联播》播报新闻,关注公司承建的民生工程——邢台市南和区2021—2022年农村生活水源江水置换项目等6项工程

附录

2022年5月,《河北新闻联播》播发新闻,关注公司6项工程喜获河北省建筑工程安济杯奖(省优质工程)

2022年10月,《湖南卫视联播》播报新闻,关注公司湖南永新高速项目"国庆我在岗,一线'不打烊'"

2022年7月,《河北日报》专版报道公司为城市发展再开一扇新门,河北省重点项目国道G107内丘县城段改建工程建设提质提速。

2022年11月,《河北新闻联播》播报新闻,关注公司下属邢台邢州大道东延长项目,负责人马占旭表示:撸起袖子加油干,为高质量发展贡献邢台路桥力量

附录

2022年11月,《河北日报》专版报道公司助力晋州城乡交通更畅达,凝心聚力筑坦途,奋楫扬帆起新程

2022年12月,《河北日报》专版报道公司助推河南内黄城区道路提档升级,以实干浇筑路桥品牌,以奋斗彰显铁军风采

2019年7月,《唐山劳动日报》专版报道公司迁曹高速项目部组织防汛应急演练

2019年8月,《邢台日报》专版报道公司承建的隆尧县农村公路和省道德昔线改建工程,为邢台形象添彩

2020年3月,《邢台新闻联播》播报新闻,关注公司承建的国道G340项目南水北调特大桥合龙

2020年6月,《邢台日报》专版报道公司承建的国道G340项目环保施工,真诚守护数百只崖沙燕

2020年12月,《邢台日报》专版报道公司创新财务管理制度体系,助力企业治理能力现代化

2021年5月,《晋州新闻联播》播报新闻,关注公司承建的晋州市城区公园绿化情况

附录

2021年6月,公司承建的漯河市城乡一体化示范区,3D打印技术建造的"小商桥",引起了媒体的广泛关注,河南当地多家媒体报社、网站、自媒体进行了报道

2022年5月,《邢台日报》专版报道公司下属河北襄构建筑科技有限责任公司启动装配式建筑项目,从而优化品质,节能环保,像搭积木一样盖房子

221

2022年10月,《邢台新闻联播》播报新闻,关注公司国庆假期不停工,邢东新区项目建设"加速跑"

2022年5月,《邢台日报》专版报道公司党建+全方位引领集团高质量发展